隔代教育有绝招

——老一代照样带好孩子

打破辈分，直击育孙的各种矛盾，

解决隔代教育的弊端，让祖辈不再困惑与无奈！

掌握隔代教育的绝招，造就开心的孩子，

谁还敢说爷爷奶奶、外公外婆不会带孩子？

主编◉陶红亮

郑州大学出版社
郑州

图书在版编目(CIP)数据

隔代教育有绝招:老一代照样带好孩子/陶红亮主编.—郑州:郑州大学出版社,2014.3

ISBN 978-7-5645-1668-0

Ⅰ.①隔… Ⅱ.①陶… Ⅲ.①家庭教育 Ⅳ.①G78

中国版本图书馆 CIP 数据核字(2013)第 310880 号

郑州大学出版社出版发行
郑州市大学路 40 号　　邮政编码:450052
出版人:王　锋　　发行部电话:0371-66658405
全国新华书店经销
郑州文华印务有限公司印制
开本:710mm×1 010mm　1/16
印张:11.5
字数:188 千字
版次:2014 年 3 月第 1 版　　印次:2014 年 3 月第 1 次印刷

书号:ISBN 978-7-5645-1668-0　定价:28.00 元
本书如有印装质量问题,请向本社调换

编委名单

主　编　陶红亮

编　委　**（以姓氏笔画排序）**

马九堂　王晓毅　王媛媛　叶永中　朱官军

刘　毅　苏文斌　李　宏　杨谐挺　何　珑

张　萍　张卫东　张雪莲　郑燕彬　赵群丽

闻雪珠　贾卫林　陶　萍　崔召贵　窦丛坤

前言

如今，绝大数的年轻家长因为工作繁忙，或者其他原因，而将孩子的生活、教育等责任推给了祖辈们，这些上了年纪的爷爷、奶奶、外公、外婆也因此成了照顾第三代的“隔代家长”。这种祖辈抚养和教育孙辈的现象，就是所谓的“隔代教育”。

然而不幸的是，根据学术界的一项研究显示，隔代教育的确存在着很多的弊端。但是，在人类传宗接代的过程中，祖孙亲情又是一种割不断的永恒现象。全然拒绝隔代教育是不太现实的，那么我们应该如何应对这种现象呢？

答案其实非常简单，就是祖辈们一定要学习现代的科学育儿知识，更新自己的育儿观念，用“教育爱”帮助孩子成长，将老年人从容、耐心等优势充分发挥出来，在生活与玩乐的过程中，尽可能地培养好孩子。

本书从祖辈的角度谈论隔代教育，认真分析了祖辈在教育孩子的过程中可能出现的诸多问题。与其他同类书籍不同的是本书直接面向隔代教育的实施者，可以有效地将隔代家长的教育素质提升起来。在孩子的每个成长和发育阶段，其独特的身心状况，祖辈们都可以通过本书加以掌握，从而在施行教育的过程中更有技巧，更具针对性，达到事半功倍的效果。

祖辈带孩子具有三大优势，即经验优势、耐心优势和时间优势。祖辈丰富的育儿经验，在孩子的健康、做人和道德方面，往往大有可为。祖辈经历人事纷繁，进入晚年，心气宁和，加之时间充裕，因此更有耐心教育孙辈。所以，年轻父母不可轻易否定祖辈的育孙工作，虽然他们的教育观比较陈旧，但其出发点和年轻父母一样，都是尽可能地为孩子好。

成长对于孩子来说十分重要。在人生命的头六年，通过口品尝世界，通过手触摸世界，通过耳朵倾听世界，通过鼻子闻嗅世界，通过行走认识空间，通过眼睛观察万物。但是，在现实生活中，很多祖辈却往往限制孩子的活动，甚至禁止孩子去活动，原本需要孩子自己独立完成的事情，祖辈也全部包办替代，从而使孩子丧失了成长的机会，由“爱”变为“碍”。

如何去爱孩子，帮助孩子更好地成长，这也是祖辈应认真思考的问题。爱是一种能力，会爱的祖辈不但可以使孩子沐浴在柔情中，更知道怎样放手让孩子成长，即便有万般的不舍，也深深懂得孩子始终是要独立生活的。自信的祖辈敢于对孩子放手，聪明的祖辈知道怎样对孩子放手。放手并非放纵，而是做“麦田里的守望者”，让孩子更好地成长。

从小注重孩子良好习惯的培养，对他以后的人生将会产生极大的影响。一般来说，好习惯都是从生活与实践中培养起来的。日本教育家福泽谕吉说：“家庭是习惯的学校，家长是习惯的老师。”生活即教育，如果祖辈能够以身作则，那么良好的习惯就会在孩子的身上不知不觉地形成。在实践中培养习惯，不断身体力行，这样习惯就会成为自然。

祖辈通常都不愿意违逆孩子的意思，总是让他自由发展。然而在为人处事上，如果孩子十分自私刻薄，就不能放任不管，归根结底还是得让孩子自小培养良好的品格。倘若孩子在品行上产生了偏差，祖辈们一定要马上予以纠正。如果孩子连真善美都不知道，那祖辈的爱就变成了害。

本书从祖辈带孩子的十个方面入手，将正确管教孩子的方法一一分条列出。如果祖辈们能够认真阅读此书，一定会大有收获。“老有所为”“老有所乐”的最佳选择就是照看孙辈，祖辈们细读本书之后，便可以理直气壮地对社会说：“谁说祖辈不会带孩子？祖孙原本就是一对天生的玩伴和学伴！”

今天，我国人口的老龄化变得更加突出，在早期教育中，隔代家长俨然成了最强大的生力军。祖辈们应当不断学习，再接再厉，争取做新世纪自然而快乐的“育儿专家”。

编　者

2013 年 7 月

目录

第一章　祖辈带孩子的优势

"隔代亲"是祖辈最大的优势 …… 2
祖辈"育儿团"绝招就是多 …… 4
祖辈的阅历是教育孩子的资本 …… 6
祖辈有充裕的时间奉献爱 …… 8
祖辈有平和的心态营造氛围 …… 9

第二章　不要让爱成为孩子成长的阻碍

祖辈不要成为孩子的"避难所" …… 14
别让"爱"成了"碍" …… 16
祖辈不要追着孩子喂饭 …… 18
零食好吃，别给孩子买太多 …… 21
学会"减负"，别只想着孩子 …… 23
及早培养孩子的自理能力 …… 26

第三章　祖辈爱孩子要懂得放手

不做宠坏孩子的罪魁祸首 …… 31
做孩子永远的"粉丝" …… 33
正确对待孩子的破坏行为 …… 36
给孩子独立思考的空间 …… 38

要安排孩子做家务事 …… 41
引导孩子自己动手 …… 43
尝试将自己交给孩子照顾 …… 46

第四章　培养好习惯，不纵容坏习惯

培养孩子科学、正确地看电视 …… 50
孩子喜欢耍赖怎么办 …… 52
纠正孩子吸吮手指的坏毛病 …… 55
让孩子养成讲卫生的好习惯 …… 57
按时作息，好孩子就这样 …… 60
培养孩子勤俭节约的好习惯 …… 63

第五章　品格教育从小开始

文明礼貌从小教起 …… 68
培养孩子开朗豁达的性格 …… 70
让孩子远离攀比和嫉妒 …… 73
让孩子拥有一颗感恩的心 …… 75
让孩子学会真诚地道歉 …… 78
帮助孩子学会倾听 …… 81
挫折教育帮助孩子成功 …… 83

第六章　如何让孩子快乐学习

让孩子像爱玩那样爱学习 …… 88
帮助孩子端正学习态度 …… 90
引导孩子自己寻找答案 …… 93
让孩子养成良好的学习习惯 …… 95
培养和保护孩子的学习兴趣 …… 98
学会激发孩子的进取心 …… 101

第七章　孙辈也需要祖辈的尊重

保护孩子的隐私和秘密 …… 105

尊重孩子渴望独立的愿望 …… 107
不要伤害孩子的自尊心 …… 110
千万不要当众揭孩子的短 …… 113
尊重孩子的兴趣和爱好 …… 115
小进步也要肯定和鼓励 …… 118

第八章　祖辈要与时俱进

切不可做固执的祖父母 …… 122
过时的"学习好则百好"观念 …… 124
勤充电才能不脱节 …… 127
不以自己的生活模式要求孩子 …… 129
用平等的方式与孩子沟通 …… 132
学会解读孩子的"新新语言" …… 134

第九章　常带孩子出门，呼吸新鲜空气

让害羞的孩子勇敢起来 …… 138
允许孩子"闲游"，促其成长 …… 140
经常带孩子参加户外活动 …… 142
不要斥责淘气的孩子 …… 144
孩子太乖，祖辈也要警惕 …… 147
让孩子多结交外面的朋友 …… 150

第十章　教育孩子，多与他们的父母沟通

子女才是教育孩子的主角 …… 154
做好联系子女和孙辈的纽带 …… 156
多和子女探讨培养孩子的方法 …… 158
和年轻父母在教育上达成共识 …… 160
孩子面前不和其父母起分歧 …… 163
维护年轻父亲的权威地位 …… 166
不横加干涉年轻父母的教育方法 …… 168

第一章

祖辈带孩子的优势

隔代教育具有很多亲子教育无法取代的优势。祖辈和年轻的父母一样，都是非常疼爱孩子的，这是隔代教育成功的基础。因为只有爱才能促使祖辈们去学习相关的教子知识，紧跟时代变化，不断更新和完善自己的教子观念。此外，祖辈们在时间上也占据着优势，能够长时间陪伴孩子，给予孩子充分的幸福感。

“隔代亲”是祖辈最大的优势

祖辈们带孩子，往往会让年轻父母感到担忧，然而在现实生活中，仍有很多年轻父母选择让祖辈们帮忙照顾孩子，这到底是什么原因呢？答案只能是一个——亲情。正是因为亲情，让祖辈们成为照顾孩子的首选。在隔代教育中，这是祖辈们具有的最大优势。

俗话说得好：隔代亲，砸断骨头连着筋。正是由于孙辈和祖辈之间存在着斩不断的亲情，所以祖辈们才会心甘情愿地抚养孩子，并乐意任劳任怨为孩子的生活操心。

沈玉元没有上过小学，6 岁的时候，就直接跳入初中学习；12 岁的时候，考上了一所全国重点大学；16 岁时，以专业总分第一的成绩开始攻读研究生学位。2012 年的夏天，19 岁的沈玉元成了在读博士生。沈玉元之所以如此成功，就是因为从小受到了良好的隔代教育。

1993 年的冬天，沈玉元出生在一个小县城。父亲是化工厂的职工，母亲在煤业公司工作。因为父母长期分居，所以沈玉元便与爷爷奶奶生活在一起。

爷爷在县城的一所中学工作，奶奶是一位小学教师。沈玉元从小就在校园中生活，童年时光是在读书声中度过的。2 岁的时候，爷爷奶奶开始教沈玉元认字和识数。爷爷专门制作了一块小黑板，每天在上面写几个汉字，或者是出几道算术题，接着便给沈玉元讲解。沈玉元受到爷爷奶奶的启蒙，不仅将象形文字“山、石、水、火”的具体含义弄清，而且会正确使用加减乘除运算。4 岁时，爷爷奶奶相继退休了。在后面的两年时间中，爷爷奶奶把小学 6 年的全部课程都教给了沈玉元。

刚进初中的时候，沈玉元的学习成绩并不是很好，由于年纪比较小，对正规的学校教育又不熟，因此无法适应严格的教学以及沉重的课业负担。爷爷发现沈玉元不像往日一样天真活泼了，整天都紧锁眉头，于是便想尽办法，让他重拾信心。在爷爷奶奶的循循善诱和不断鼓励之下，沈玉元的学习成绩逐渐好转了，到初二的时候，已经在年级中名列前茅。

2010年,沈玉元以专业总分年级第一的成绩考取了研究生。在读研的过程中,因为广泛的阅读以及过人的领悟力,所以在各种问题上,沈玉元皆有着独特而深刻的见解。2012年,沈玉元成了在读博士生,爷爷奶奶听到这个消息后,高兴得泣不成声。

祖辈对孙辈的照顾,实质上也是对子女的爱护。虽然只是隔代亲,然而又有哪对父母不爱护自己的孩子呢?当自己的孩子还很小的时候,自己也同样处在人生的关键时期,整天都在为事业打拼,因此往往会忽略孩子的需求,甚至没有时间照顾孩子,把与孩子一起成长的机会错过。儿女长大之后,成家立业,自己在这个时候,则变成了爷爷奶奶、外公外婆,虽然有条件亲近子女了,也有时间照顾子女了,然而在这个时候,子女也处在为事业打拼的阶段,不断地为自己的未来奋斗。所以,祖辈们只好将对儿女的爱向孙辈的身上转移。

正是因为这种补偿心理,所以祖辈对孙辈的抚养和教育往往会十分用心。纵然不是出自补偿心理,对于孙辈的亲情和关爱,祖辈们也绝对是发自内心的。隔代教育中包含着斩不断的亲情关爱,能够让孩子在情感上获得有力的支持,加强孩子对社会的信任感。至少从这一点而言,任何一个育儿机构或保姆都不能和爷爷奶奶、外公外婆的照顾相提并论。

再者就是,在现代大城市中,离婚率普遍偏高,很多的孩子都生活在单亲家庭中,因此极容易在某方面的教育上出现缺失。如果有了祖辈们的帮助,就很可能及时弥补家庭中性别角色的缺失,并且还能给孩子提供可以模仿的性别特征。在塑造孩子健康的性别认识过程中,就能发挥不可估量的正面作用。

老人一旦退休,在内心深处难免会产生孤独与落寞的感觉,而儿女的工作往往又比较繁忙,根本就没有时间常常陪在老人的身边。帮助年轻子女照顾孩子,不仅老人的孤独感可以得到缓解,而且在孙辈的成长过程中,还会发现活泼的生命力,从而让自己对生命充满感恩。此外,在抚养孙辈的过程中,自己的价值也能得到充分的体现。

一般来说,祖辈对孩子的爱,大多都是出自内心的,为孩子做的每一点每一滴,也都是出于一片好心,就这一点来说,隔代教育最大的优势便在于此。隔代教育之所以能够成功,其基础也正在此。倘若祖辈们可以在亲情之爱的基础上，再进行一些爱孩子的技巧的学习，那么祖辈们就一定可以以最真切的感情，将最美丽、最绚烂的花朵浇灌出来。

因为亲情，祖孙之间便存在了一种天然的信任与依恋，任何一个育儿机构和保姆，都是不能给予这种感情的。如果自己的好心被孩子误解，那么在这个时候，祖辈们有必要对自己爱孩子的方式进行反省，看是不是用了错误的方式。爱孩子本身并没有错，然而一旦用错误的方式，那么不光会使自己和儿女之间的关系受到损害，还可能使孙辈的一生被耽误。

专家提示：

祖辈们在照顾孩子的过程中，应该充分表达出自己对孩子的爱，并让他感受到，这种隔代教育的爱和亲子教育的爱有着共同的特征，能为孩子的成长教育打下最坚实的基础。在这一根基上，祖辈们与孩子的父母一定要相互沟通，加强理解，尽可能地让孩子生活在爱的天空下，成为一个身心健康的人。

祖辈“育儿团”绝招就是多

近十年来，我国的老年人越来越多，让祖辈们照管孩子，也是对资源的一种有效利用。从老年人的角度进行分析，老人退休之后，如果享受与祖孙相伴的乐趣，也有助于他们的心情更加愉悦，让他们的精神生活更加丰富多彩。

随着城市化进程的不断加快，经济体制急速转型，各行各业都呈现出高速发展的态势。对于年轻人来说，一方面必须更加努力地投入工作，不断给自己充电，以期取得更大的成功；另一方面要使家庭的幸福美满得到保证，他们背负着成家立业的双重压力。一旦年轻人成为父母，由于时间与精力大多都用在工作上去了，因此抚养孩子就会成为一个颇大的难题。在这样一个社会大背景下，许多年轻人迫不得已，只能将自己的孩子交给父母照顾。由此，隔代教育成了一种普遍的社会现象。

祖辈们的育儿经验是应当被肯定的，在几百年的历史长河中，通过一代一代传承下来的这些经验，它们绝大多数都是有科学道理的。让祖辈们照顾孩子，组成老年“育儿团”，优势很明显，绝招就是多。

在结婚之前，赵女士就很想要一个孩子，看见别人可爱的小宝宝，她就会欢喜不已。然而，赵女士和丈夫两个人一直忙于工作，因就把要孩子的事耽搁了。在做了充分的准备之后，30 岁的赵女士终于生了一个女儿，因为这份幸福与欢乐，夫妻俩那时候笑得真是合不上嘴了。

然而，要想做一个称职的妈妈并非易事。在一个寒冬时节，豆豆出现了第一次发烧。赵女士看着才五个半月大的女儿，真是手足无措、心急如焚！赵女士将暖空调调到最大值，用层层被子捂住小豆豆，生怕她再受一点凉。可是，豆豆的外婆以及做医生的奶奶都说：“不要担心，对于小孩子来说，发烧感冒是不可避免的事。你为什么要把孩子捂得那么严呢？这样只会让热量无法散出，一定要让她宽松舒服一点，可以用物理降温法试一试。”赵女士听后，立即让老公去拿酒精棉球，结果非常有效，加之几个人的精心守护和照顾，豆豆的小脸终于由通红转变为粉红了，众人如释重负。

豆豆 3 岁之前，由于爸爸妈妈工作很忙，白天她都由小保姆和奶奶照顾着。没事的时候，奶奶就会让小阿姨带着豆豆爬啊、走啊、跑啊、跳啊，并跟着 DVD 学习儿歌、做游戏等。一旦天冷了或热了，奶奶还会主动为豆豆增减衣服；孩子饿了或渴了，奶奶会提醒孩子该吃什么、该喝什么。在这种状态下，小豆豆的身体越长越结实。

豆豆的爸爸妈妈看到老人照顾孩子这样有成效，每天晚上回到家里，都会对老人嘘寒问暖、端茶递水，小豆豆也会跟着学，虽然有点笨手笨脚。吃完晚饭之后，爸爸妈妈往往会把电视打开，看一些韩剧、美剧，而小豆豆则会和奶奶一起出去散步、串门。每逢到外面，小豆豆都会将这些天学到的本领积极地展示出来。豆豆一家总是充满了欢快的笑声，街坊邻居看见了，都非常羡慕。

豆豆之所以能够健康成长，上一辈老人的经验和照顾，无疑发挥了至关重要的作用。妈妈与婆婆都将自己养孩子的种种细节向赵女士说了，此外还向其传授了许多经典的育儿经验，赵女士很快从一个“新手妈妈”变成了“高手妈妈”，得到了很多人的称赞。

相对而言，祖辈们照顾孩子，具有很多年轻父母无法企及的优势。祖辈们的育儿经验往往更加丰富，在预知孩子的安全问题上，往往拥有更强的感知能力，可以进行有效的防范。并且，在不同的年龄阶段，祖辈们还可以提前预计到孩子可能会产生哪些问题。比如说，对于刚刚学会走路的孩子，往往喜欢乱跑，因此有可能会撞到桌子角，或者是来到厨房可能会被烧伤烫伤等。从防患于未然这个层面来说，祖辈们明显要比年轻的父母更胜一筹。

由于祖辈们以前带过孩子，和年轻父母相比，在实践经验上面往往要丰富得多。现在有很多年轻父母，甚至连用什么样的姿势抱孩子都不知道；在为孩子冲奶粉的时候，也不知道怎样一个温度才合适，一不小心就会烫着孩子。倘若这个时候身边有长辈指点一下，那么带孩子也会变得容易很多。

专家提示：

大多数祖辈们的育儿经验都是比较丰富的，不仅知道孩子的身体发育情况，而且在面对头疼脑热、感冒发烧等情况时，也能从容给予正确的处理。在严格和爱护之间有一个适度的立场，有助于培养孩子活泼开朗的性格以及良好的生活习惯。

祖辈的阅历是教育孩子的资本

祖辈们丰富的生活知识、社会阅历以及深厚的人生感悟，是教育孩子最雄厚最有力的资本与权威。在长期的社会实践中，祖辈们积累了丰富的人生阅历和生命感悟，从而对孩子的教育问题进行有效的处理，这些都有助于促进孩子的健康发展。

祖辈们有着丰富的生活知识与深厚的人生阅历，这些都是培养孩子的法宝。有些祖辈还是知识分子，因此在教育孩子的问题上，往往非常有经验。祖辈们不仅可以照顾孩子的起居饮食，而且能帮他们辅导功课，为他们诵读经典，从而让孩子在起点上领先一步。

张女士和丈夫平日里的工作都特别忙，自从孩子出生之后，不知换过多少保姆。然而这些保姆不是文化程度低，就是人品不可靠，因此，绝大多数事情还是只能小两口亲力亲为。但是，由于家庭经济状况，张女士也不可能做“全职妈妈”，小两口经常会感到焦头烂额。

这个时候，孩子的奶奶恰好从中学教师的岗位上退下来，张女士于是就请婆婆来照顾孩子。在抚养和教育孩子方面，孩子的奶奶有着相当丰富的经验。经过奶奶的调教，孩子养成了很多的好习惯，如爱卫生、讲礼貌等。奶奶还常常陪孩子读书，给孩子讲故事，对于各种各样稀奇古怪的问题，奶奶也会细心回答孩子。慢慢地，孩子的求知欲变得越来越强，知识面也拓展了很多，无论是说话还是做事，都十分有条理，相比于很多同龄人，孩子明显成熟和懂事许多。

当孩子长大一些的时候，孩子的爷爷也正式退休了。孩子的爷爷年轻的时候，曾在英国读过几年书，是一个卓有成就的建筑设计师，他们所在的那个大城市里面的很多高楼大厦都是他设计出来的。爷爷不仅常常会和孩子一起搭积木，而且会和孩子一起下国际象棋。逐渐，张女士的儿子变成了一个小“棋士”，很多大孩子都成了他的手下败将。爷爷还经常与孩子一起用英语对话，把好多的单词和句子都教给了孩子，后来，孩子还在市里的儿童英语演讲中获得了第一名。

对于孩子的成绩，父母们一般都比较看重，而对于孩子品德方面的培养与引导往往容易忽视。祖辈们则不一样，他们素来注重培养孩子的品德，在这一点上，很多年轻的父母都应该多向老一辈学习。祖辈们都经历过几十年的磨炼，接触过很多的事情，对于未成年的孩子来说，这些长时间积累下来的经验与资历都是非常好的教育素材。

祖辈们不仅经历过很多的事情，而且那代人纯朴的个性以及良好的生活习惯，对于目前这样一个浮躁的社会来说，是相当难得的。如果孩子能多与祖辈们接触，在潜移默化之中，可以将许多良好品德学到手。通过祖辈们的影响和教育，绝大多数的孩子也都可以养成不糟蹋粮食、做事不拖拉等诸多良好的生活习惯。

专家提示：

有了上一辈的那些资本和权威，那么孩子就可以在轻松、愉快的环境中生活与学习，不仅会有良好的身体素质，而且在很多方面，如生活自理能力以及注意安全等，都明显会比其他孩子要强。由此，隔代教育的优势显而易见。

祖辈有充裕的时间奉献爱

现在的年轻父母，工作一般都比较忙碌，因此孩子出世之后，往往没有很多的时间陪伴孩子。而祖辈们有所不同，因为大多已退休，没有经济上的压力，并且有足够充分的时间，有大量的耐心和爱心，所以可以更好地照顾孩子。

在日常生活中，祖辈们更容易从一些小细节上对孩子各方面的特点与动向进行观察和了解，然后再做出相应的鼓励和引导。同时，对于孩子身上的一些小缺点、小毛病，也可以及时发现，并加以纠正。

李大爷已经退休。自己的儿子及儿媳都是独生子女，在生活自理能力方面相当差。没有孩子之前，两个人一下班，就会进馆子吃东西，家务活也不怎么干，卫生实在太差了就请钟点工来做。生了龙龙之后，由于小两口没有家务方面的经验，加之两人又都比较懒，因此在照顾孩子时，总是不知所措，晕头转向。即便这样，龙龙还是常常会挨饿，甚至感冒发烧。

李大爷与老伴知道这个情况之后，于是向自己的儿子儿媳毛遂自荐，将龙龙接到自己家里来。周末的时候，儿子儿媳也会过来，向老两口学习怎样带孩子。龙龙在爷爷奶奶家中住了一年多之后，身体长结实了很多，个头也变高了，对爷爷奶奶、爸爸妈妈都很亲，一家人在一起时，总能其乐融融的。

如今，社会竞争异常激烈，就业机会越来越少，绝大多数的年轻父母都在为工作和事业奔忙不已，十分劳累，好不容易得到一份工作，或者是处心积虑开创事业，往往必须付出很多的时间和极大的努力。现在的年轻父母，普遍都太忙了，不仅白天要上班，下班之后还得做饭、洗衣、打扫卫生等，有时候公司还要求加班，回到家里经常已晚上十一二点了，与孩子待在一起的时间真的非常少。

孩子长期在这种状态下生活，自然会感到越来越孤单。如果请保姆的话，年轻父母往往放心不下；倘若送幼儿园的话，孩子早晚也需要接送；让孩子自己在家的话，更是会让年轻父母提心吊胆，如果孩子出了什么事，该如何是好呢？

那些已经上小学的孩子，很多时候也没有人管，回到家里把门一关，冷冷清清的，没有一点儿的人气儿，久而久之，孩子就会感到越来越孤独。倘若家里住着一两个老人，那么就可以代替繁忙的年轻父母，帮助他们接送孩子上学放学。孩子回到家之后，还可以与孩子一起玩耍，相互陪伴。

很多祖辈在年轻的时候，一般也没有精力与时间照顾自己的孩子。退休之后，时间一下子变得充裕了，有足够的条件代替年轻父母带孩子了。事实上，很多老人都有足够的时间与精力，并且乐意把这些时间花在与孩子一起生活上。

祖辈们不光可以更好地照顾孩子的生活，而且能为孩子创造安静的学习环境。在孩子遇到问题时，也可以给予适当的指导，对于孩子的倾诉，祖辈们能够耐心地倾听。祖辈和孙辈的关系，比较容易相处得融洽、和谐。

对于年轻父母来说，工作压力往往比较大，时间上也相当紧，因此和孩子的沟通比较少，所以无法及时发现孩子的问题。相对来说，祖辈们时间上要宽裕得多，往往可以更早地发现孩子存在的一些问题。所以，由祖辈们带大的孩子，碰到一些事情，通常都会比较镇定，乐意和别人进行沟通，积极寻找解决的方式。

专家提示：

因为有了充足的时间，在照顾孩子的过程中，祖辈们往往会投入更多的精力看护孩子，全身心地投入到照顾孩子的乐趣中。某些祖辈甚至还会寸步不离地守护着孩子，这样也会大大降低孩子出意外的概率。

祖辈有平和的心态营造氛围

这个年代，事事都讲求速度和效率，年轻的父母们教育和培养孩子，也好像是装上了“小马达”，总希望自己的孩子从小就能成为一个傲视群雄的小天才，能遥遥领先于同龄人，把别家的孩子远远地甩在后面。为了达到这个目的，年轻父母甚至是无所不用其极。

倘若用一个成语来对童年时光进行形容，估计绝大多数人脑海中冒出来的第一个词就是“无忧无虑”。然而，孩子的童年，特别是现代儿童，真的是那么无忧无虑的吗？非也！年轻父母为了让孩子出人头地，总是让他们从小就背负起沉重的包袱，不断地学唱歌、练书法、学跳舞、弹钢琴……只是学习还远远不够，年轻的父母还时常对孩子这样说：“你看一下×××，他的钢琴都已经过八级了，你快点加油呵！”

由此可见，不光只是成人才会面临巨大的压力，即便是孩子，也大多无法幸免，甚至有过之而无不及。

天津市有关部门曾经专门做过一项关于压力的调查，抽样选择幼儿园的学生和家长进行询问，其结果显示，由于各种方面的压力，如家庭关系、外界评价、学业和环境适应能力等，绝大部分的孩子都产生了不同程度的心理问题。相比于高压式的亲子教育，隔代教育下的孩子往往要轻松很多。

洋洋的奶奶是一位教师。有一次，奶奶从外地讲课回到家里，洋洋就扑到了她的怀中。奶奶发现，洋洋的眼睛有一点红肿，于是立即问儿媳是怎么了。儿媳回答说，刚才洋洋与爸爸一起玩搭积木的游戏，正玩得开心的时候，一个电话把爸爸的兴致打断了，随后他便到书房工作去了。洋洋还没有玩尽兴，三番五次跑去到书房里面问爸爸一些关于搭积木的问题，爸爸不能专心致志地工作，就将洋洋推了出去，并把门关上了。洋洋于是哭了起来，爸爸听到后则说：“不准哭，要哭的话，跑到厕所去哭，不要烦我。你再哭，我就要打你了！”后来，洋洋就跑到厕所哭去了，而且想到爸爸要打他，就更加泪流不止了。

奶奶听后，就把新买的一册绘本拿给了洋洋，并且对洋洋说先自己翻一下，等一会儿再给他讲故事。之后，奶奶便严肃地对儿子和儿媳说：孩子的思维不比大人，都是非常简单的，他正玩得兴奋，而且很佩服爸爸懂很多东西，跑到书房里问爸爸问题，这只能说，孩子还小，不懂得区分场合与时机。对于孩子，还是应该更加宽容一些。还有，孩子一般只会通过语言对具体的事物进行理解，对于复杂的分析与综合，目前还无法做到。因此在与孩子说话的时候，千万不要说什么反话，最好是好好说明白。

爸爸、妈妈听完之后，都十分认同孩子奶奶的分析。为了补救刚才的不当做法，爸爸马上跑过去给洋洋讲起了故事。

隔代教育之所以比亲子教育轻松许多，主要是因为祖辈们都经历过无数的风雨，对社会对人生都有着深刻的理解与感悟，生命中的诸多磨难，让祖辈们的心变得更加慈爱平和。祖辈们通常都抱有一种观念，认为“平安是福”，这导致他们对孩子的期望，可以定位在一个比较合理的高度。在祖辈们的理念中，孩子能够平安健康地长大才是最重要的，而在很大程度上，这种期望都与儿童教育的本质相符合。所以，长时间在祖辈身边生活的孩子，一般都不会感受到太大的压力，这不光可以让隔代亲情变得更加自然亲密，而且有助于孩子健康心理的养成。

一个家庭如果三代同堂的话，祖辈应该常常和孩子说一说悄悄话，并且刻意和孩子的父母保持距离。在这个时候，孩子就会向祖辈们敞开自己的心扉，丝毫不会感到有压力，甚至还会向祖辈们说些年轻父母的“坏话”。祖辈们的心态一般都比较平和，对于孩子的小性子，往往可以更好地包容下来，即便是听到孩子说了自己父母的坏话，也不会气急败坏、暴跳如雷，反而可以帮助孙辈，疏导他们的不满情绪，从而使孩子的生活氛围变得更加轻松和愉快，让他们懂得宽容，对于生活中的各种小事，不会斤斤计较，让孩子健康快乐地成长起来。

美国哈佛大学曾经做过一项研究，其结果显示，常常和爷爷奶奶、外公外婆交流的孩子，一般都擅长解决生活中遇到的困难，纵然是处在突然出现的危机中，也能够让自己保持比较平稳的心态。

因此，祖辈们应该充分地利用自己平和的心态，帮助孩子排解压力，并且在潜移默化之中，让孩子感受到平和心境的力量，从而使孩子更有信心地面对未来。

事实上，教育的本质，就是让孩子没有压力地按天性自然成长，而祖辈们的平和心态，则可以在教育孩子的过程中达到这个目的。祖辈们需要特别注意的是，这里所说的包容并不是纵容。因此，对于孩子的诸多行为，哪些是由于渴望自由的天性而导致的；哪些是无理取闹，只是为了威胁父母与祖辈，祖辈们一定要分清楚。

专家提示：

祖辈们不仅更有耐心哄孩子，而且因为价值观念与生活方式和年轻人不同，往往会给孩子更好的教育和影响。比如说，祖辈们都经历过人生的风风雨雨，因此性格上面往往要豁达、开明一些，他们往往会用多角度去看待问题，解决问题的方式上也往往更具智慧。

第二章

不要让爱成为孩子成长的阻碍

不少祖辈认为只有保护孩子不受一点伤害，没有一丝风险，衣食无忧，这才是真正的爱孩子，尽到了自己的责任，殊不知孩子在溺爱的环境中成长，不仅脾气性格会变得桀骜孤僻，生活自理能力也会非常差。祖辈们务必要了解，让孩子在成长的道路上吃苦并非坏事。

祖辈不要成为孩子的“避难所”

在孩子的概念中,一般都不存在对和错,只分高兴与不高兴,他们不高兴的时候就需要有人安慰,并且需要有人可以阻止不高兴的事情继续发生,一旦他们发现真有这样一个人时,他们便学会了依赖。稍遇不顺心的事,他们就会奔向自己的避难所,而这个避难所一般都是他们的祖辈,如此,他们便可以不做自己不想做的事了。

现在的很多孩子都由爷爷奶奶护着,外公外婆疼着,其他的人想教育,这些老人们就会跟谁急。有一位年轻的爸爸,他曾形象地说:“爷爷奶奶是孩子的‘避难所’‘保护伞’!对于我和妈妈,孩子从来就不怕,也从不听我们的教导。”

在中国的传统家庭里面,男性往往占有主导性的位置,在年轻的时候,他是一个家庭的顶梁柱,或是商界叱咤风云的奇才,或是政界呼风唤雨的人物。当全部的辉煌都成了烟云,当一切的成绩都成了尘土,当家庭的权力重心逐渐转移到了下一代,这时他们就会发现:晚年岁月中,似乎可以供他们支配的只有孙辈了。于是乎,不少爷爷或外公就成了孙辈的“避难所”。

张爷爷在退休之前,担任的是某市的地税局局长。退休之后,身边前呼后拥的人顿时没有了,往日的热闹不见了,一言九鼎的权力也不再有了。在孙子东东还没有出世前,张爷爷最大的消遣活动就是陪着老伴一起买菜,或者与老邻居、老朋友一起下棋,对于家里的大事小事,他都无须操心,日子过得十分清闲。

自从小孙子东东出生之后,由于儿子儿媳的工作都比较忙,东东自然而然只能交给他和老伴带着。慢慢地,东东成了张爷爷展现自己在家庭里的权威的一个载体和新的精神寄托。如果东东受到一丁点的委屈,张爷爷就会急躁生气,在他的心中,东东受到委屈就是他自己受到委屈,让东东不快乐,就是让他自己不快乐。

东东回到家之后,往往像一只脱了绳的小马驹没个消停,小嘴巴也比较馋,经常自己跑到冰箱里面拿牛肉干等零食吃。妈妈对东东说:“马上就要吃饭了，你现在不要吃这个，可不可以？”东东把小嘴一撇，说道：“不可以，我就是要吃，我的肚子很饿。”妈妈没有办法，于是只得让步说道：“好，把这些吃完就不准再吃了，否则的话，你一会儿又不吃饭了，听到没有？”东东只当是耳边风，自己笑呵呵地按着电视按钮。

东东就把牛肉干吃完了，接着又去拿饼干。妈妈看见后，立即将饼干抢了回来，怒斥道：“你为什么就是不听话呢，你难道不想吃饭了？”东东听到妈妈的怒斥，嘴巴一撇，哇哇地就哭了起来，紧接着就跑到了张爷爷的书房中。张爷爷看到东东哭了，立即把报纸放下，并问道：“这事到底是怎么了？东东快告诉爷爷，是谁欺负你了。”东东显得特别委屈，他对张爷爷说：“我肚子很饿，可是妈妈不准我吃饼干。”

张爷爷一听就不开心了，孩子肚子饿了，为什么不给东西吃呢？于是，张爷爷马上带着东东去拿饼干。东东的妈妈看见了，便对张爷爷说道：“现在吃这么多的东西，等一会儿就吃不下饭了。”张爷爷反驳道：“孩子现在不是已经饿了吗，如果饿坏了，谁来负责？”最后，东东十分得意地吃着饼干和爷爷进了书房。

在平时的生活中，东东的爸爸妈妈以及奶奶，都会自然而然地流露出对爷爷的尊重与顺从。事实上，年龄还小的东东还不知道什么叫利用，谁能让他如愿，他就会跟谁亲；谁对孩子好，他就找谁玩，这就是孩子的天性。

【对祖辈们说的话】

小孩子极易培养出某些习惯，比如说爸爸妈妈总是为他买衣服和玩具，那么他想要衣服和玩具，就会去找自己的父母；家里做饭的总是奶奶，那么他饿了，自然就会找奶奶；他委屈的时候，倘若爷爷总是能够有效地帮助他，那么一旦受到委屈，他就会自动地去找爷爷，久而久之，爷爷自然而然就成了孩子的“避难所”。

孩子找“避难所”的原因

在很多家庭里面，都会有祖辈庇护孩子这样的情况出现。尤其是三代同堂式的家庭，如果和父母一起生活，祖辈更加容易变成孩子的“避难所”。孩子的年纪还很小，哪些事必须自己做，哪些事一定不能做，他们还没有足够的能力分辨,只是顺着自己的意愿去做事。父母不仅疼爱自己的孩子,还肩负着教育的责任,因此孩子一旦在某些地方做得不对,父母就给予指正与批评,而孩子受到训斥,就会觉得自己委屈了:爸爸妈妈为什么要自己做不高兴的事情?这个时候,找一个避难所,便成了自然的选择。

不要当孩子的"避难所"

祖辈疼爱孩子本来是一件天经地义的事,倘若过分溺爱,就会导致伤害。一个聪明的老人,一般都不会给亲子教育扯后腿,而主要是做子女教育孩子的参谋。孩子不可能永远在祖辈的庇护下生活,过度包庇不光会伤害到自己和子女之间的感情,而且对于孩子独立、健康性格的形成也极为不利。因此,身为祖辈,切不可当孩子的"避难所"。作为一个老年人,回望一下自己以前取得的成就,自己曾经所拥有的,再反观一下现在的生活,寂寞空虚总是难免的,但一定要学会克服。

专家提示:

教育孩子,这是一个艰难而漫长的工程,孩子父母的精力往往有限,因此家人的配合极为重要。在一个家庭中,祖辈对于祖孙三代的关系,似乎更有经验进行协调。为了给孩子营造一个良好的成长环境,祖辈更有责任建造一个和谐相处的家庭。

别让"爱"成了"碍"

爱是一把双刃剑,既可以使孩子的心灵得到滋润,也能变成骄纵孩子的温床。每一位家长都有护犊之心,可是怎样科学地对孩子进行教育,却并非每个家长都能掌握的,特别是隔代家长,更容易无尺度地溺爱孩子。对于隔代家长来说,千万不要让你的"爱"成了"碍"。

动物的本能之一就是护犊之情,人也是如此。特别是隔代家长,因为在年轻的时候,对于子女的某些愿望,没有条件加以满足,现在情况得到了改善,于是就将对子女的愧疚一起融入对孙辈的爱中,而这极易演变成溺爱。

茂茂的父母工作很忙,所以一般都是爷爷奶奶在家照顾茂茂。为了减少子女们的负担,茂茂全部的抚养和教育工作都被爷爷奶奶承担了。

4年以来,茂茂一直过着饭来张口、衣来伸手的生活,基本上没有受过一点委屈。茂茂学走路的那段时间,奶奶担心她走不稳,自己身体也不好,下楼不太方便,于是就只让茂茂在客厅里爬来爬去。茂茂看到楼下有小朋友在一起玩耍,于是想下去,奶奶却对茂茂说:“他们都很坏,会欺负你,还是在家里看动画片吧!”

茂茂已经4岁了,可是穿衣服、系鞋带和吃饭还全部由奶奶代办。在抚养和教育茂茂方面,奶奶付出了全部的心血,以为茂茂一定会成为一个非常乖巧与出色的孩子,然而进入幼儿园之后,在一系列的游戏活动中,茂茂成了一个负面的典型,不光生活自理能力很差,而且极度不合群。幼儿园有一位老师,专门从事儿童早教工作,她认为茂茂属于“问题儿童”,明显缺少自理能力和交际能力。

是什么因素让茂茂变成了“问题儿童”?答案其实很简单,是爱!确切来说,是祖辈们的溺爱培养出了“问题儿童”。爱,没有错,然而溺爱,就一定是错的。

【对祖辈们说的话】

央视科教的《走近科学》有一期专门讲述了动物们的护犊之情。小鹿在刚出生的时候,为了让其顺利地排出胎粪,母鹿一般都会给它舔肛。作为一种不通语言的动物,母鹿通过这种方法,把她的爱子之心充分地表现了出来。

然而有一天,饲养员无意间发现,有一头小鹿的肛门变得又红又肿,并且还有脓液渗出来。经过多次治疗,病情仍然无法得到改善。后来,饲养员经过细微的观察,终于发现,之所以会导致这一现象,原来是母鹿过度舔肛造成的。于是,饲养员强行将小鹿与母鹿隔离开了。果不其然,没有几天,小鹿肛门发炎的现象就控制住了,并且迅速好转起来。

母鹿是伟大的母亲,倘若没有她及时为小鹿舔肛,小鹿便无法很好地排出胎粪,对于小鹿的生长和发育来说都是极为不利的。然而,这只母鹿因为太过关爱了,以致小鹿承受了不该承受的痛苦。在这里,母鹿对小鹿的“爱”就变成了“碍”。

切不可让“爱”成了“碍”

儿童教育学家认为，中小学校绝大多数有性格缺陷的孩子，都是因为隔代教育造成的。目前在中国，隔代教育已经成了一种客观存在的家庭教育方式，深刻影响着众多孩子的个性发展。祖辈们倘若真想把自己孙辈教育得出色，那么就一定要从改变溺爱开始，适度地为孩子松绑，切不可让奶奶的“爱”成了“碍”。

顺应孩子的天性与自然规律

首先保证孩子的安全，再顺应孩子的天性与自然规律，让他大胆地、自由地进行自己的活动，通过这种隔代教育的孩子，同样会成为一个对社会有用的人才。

掌握好爱的尺度

马卡连柯是世界著名的教育家，他曾经说过一句话：“家长对孩子爱得不够，孩子就会感到痛苦，但是过分的溺爱虽然是一种伟大的感情，却会使孩子遭到毁灭。”

对于祖辈们的护犊之情，我们能够理解，然而就如同母鹿的舔肛之情一般，过度溺爱孩子只会造成更多的伤害，对孩子正常的生理与心理成长，皆会产生严重的影响，对孩子各方面能力的发展，如自理能力、独立性、自信、交际能力等，也会产生严重的妨碍。因此，作为祖辈，一定要掌握好爱的尺度，千万不要让你对孙子的“爱”，演变成他成长道路上的“碍”。

专家提示：

孩子需要的是爱、自由和进步，而非溺爱、阻碍与束缚。祖辈们的慈爱，固然会使孩子感到温暖和幸福，但是过度溺爱，孩子便极易滋生任性、依赖和自私的品性。孩子固然需要爱，然而随着他们年龄的增长，对于自由、进步和不断成长的渴求，往往会变得更旺盛。

祖辈不要追着孩子喂饭

在隔代教育家庭中，有一个非常普遍的现象，即祖辈们喜欢追着孩子喂饭。无论是在屋里，还是在庭院中，经常会发现这样的画面：奶奶或者外婆一边喊着孩子，一边手里拿着碗不停地追着，而孩子就好像没有听见一般，跑得越来越快，跑得越来越远。

祖辈们追着孩子喂饭究竟好不好呢？以孩子的立场来说，绝大多数孩子不想吃了，一般都是因为不爱吃，或者是吃饱了，想到外面玩耍一会儿。如果祖辈们执意让这些孩子继续吃，他们很有可能会变得厌食，甚至会开始讨厌起祖辈们。此外，还有一部分的孩子习惯于大人喂饭吃，如果大人不喂的话，那么他们根本就不会吃。

已经到吃饭时间了，阳阳还在屋子里面玩着玩具冲锋枪。妈妈对阳阳喊道："快点过来吃饭，吃完饭之后，妈妈就带你到公园玩去。"阳阳像没听见一般，仍旧沉醉在自己的"枪战"世界中。妈妈发现一直改不了阳阳的这个坏毛病，于是便打算这次饿他一顿，让他尝尝不按时吃饭的苦果。

大人们把饭吃完了，阳阳还没有饿的感觉，依旧玩得兴高采烈。妈妈已经在收拾饭桌了，奶奶发现阳阳没有吃饭，儿媳就已经收拾饭桌了，心里感到很不快。奶奶盛了一碗饭菜来到阳阳身边，说道："小宝贝，乖，快来吃一口，我们可以边吃边玩啊。"可是阳阳就像没看见奶奶一样，仍旧在玩着他的冲锋枪。等阳阳停下来之后，奶奶抓紧机会将饭菜送到阳阳的嘴中。把一口饭吞下去之后，阳阳又继续满屋子跑了起来，奶奶只能追上去。

奶奶纵容孩子的情景被妈妈看见了，她一下子就冒出了不满的情绪。妈妈对奶奶说："妈，就让孩子自己动手吃饭吧！这样成天地追着喂，你不累吗？"

奶奶反驳道："累什么？孩子年龄小，当然不会吃饭，大人不喂，你想饿死他吗？等他长大了一点，自然就会自己吃饭，那个时候我也就不用追着喂了。"

"妈，你这样惯着他可不行啊！就让孩子饿一顿吧，放心，不会饿坏他的。一旦他肚子饿了，自然就会吃饭的。"对于儿媳的话，奶奶这次便当成了耳边风，就像没听见一样，她继续追着阳阳喊："小宝贝，快过来吃饭。把嘴张开。很好，多吃一点。"

妈妈实在无法再忍受下去了，于是接下来的口气便严肃了很多："妈，你先休息去吧！一会儿我让阳阳自己到桌子上吃。这孩子不可以惯，阳阳今年都已经4岁了，我还从来没有听说过4岁的孩子不会自己吃饭的。妈，你千万别把阳阳惯坏了，这样下去，他以后就很难改过来了。”

奶奶一听这话，将碗重重地搁在了桌子上，板着脸坐在了沙发上，之后又去了书房，开始向着儿子发牢骚。

在婆媳同住的家庭中，经常会因为孩子的原因出现婆媳矛盾，而做爸爸的难免就要受夹板气了。一个家庭，首先应该从“为了孩子”切入，将全部的力量都集中到一起来，这样才能更好地促进孩子的成长。

【对祖辈们说的话】

年轻父母一般都能够做到严格要求孩子，然而对于祖辈们来说，却很容易心软下来，他们担心孩子挨饿，因此不停地追着孩子喂饭，满屋子、满院子地跑。这些孩子对大人有着很强的依赖性，因此一旦祖辈们习惯了追着孩子喂饭，那么就很难培养他们的独立性了。由此可见，不管是哪一种状况，都不利于孩子的成长。那么，祖辈们应该如何改变自己追着孩子喂饭这种坏习惯呢？

培养独立性，从吃饭开始

追着孩子喂饭，这实际上就是纵容，对于培养孩子的独立性极为不利。让孩子从身边的小事做起，这是培养独立性的基础。如果连吃饭都要哄，都要追着喂，那么别的事情就更不能自己处理了。倘若老人经常追着孩子喂饭，孩子就会对祖辈们产生很强的依赖性，无论遇到任何事情，都会请祖辈们帮忙。如此一来，不光祖辈们受累，孩子自理能力的培养也难以做到。

少给孩子吃零食

孩子为什么不按时吃饭，往往是因为只要饿了，他们就有东西吃。因此，祖辈们平时一定要少给孩子准备零食。吃零食对孩子的健康极为不利，特别是油炸类、膨化类食品，根本就没有什么营养。

吃饭时避免看动画片和少儿节目

对于孩子而言，吃饭往往是一件十分单调的事情。很多家庭在吃饭时，喜欢把电视或者广播打开，而孩子的注意力极容易被这些节目吸引住，他们就会把饭碗扔下,坐到沙发上看电视去了,或者端着一碗饭菜边看边吃。这些行为对孩子的成长都是极为不利的。因此,在吃饭的时候,祖辈们一定要注意,不能纵容孩子这样的坏习惯。

注意饭菜的质量

对于饭菜的质量,祖辈们应该注意,务必要使口感与营养达到最佳状态。饭菜材料的挑选与大人的厨艺,这是让孩子养成按时吃饭、按量吃饭的好习惯的重要保证。

专家提示:

在口感与营养两者之间,口感无疑是位居首席的。饭菜的营养价值再好,倘若口感不好,那么孩子也不喜欢吃。因此,祖辈们还可以从饭菜的口感入手,使饭菜对孩子的吸引力得以提高,从而让孩子形成渴望吃到大人做的饭菜的习惯。

零食好吃,别给孩子买太多

喜欢吃零食,这是孩子的一种天性,糖果、方便面、冰激凌、膨化食品等,常常会让孩子垂涎欲滴。在现实生活中,绝大多数祖辈都喜欢骄纵自己的孙子,一切都按照孩子的性子行事。因为祖辈们的长期宠爱,很多孩子都出现了不好的饮食习惯。

相关研究显示,在孩子的成长过程中,吃零食是一种正常的生理需求,适度地放手让孩子吃一点零食,对孩子的身体健康并不无良影响。和成人相比,孩子的饮食规律存在着很大的不同,他们往往需要适当的零食把肚子填饱。并且,某些零食的口味还十分香甜松脆,能够大大地激发孩子的食欲。另外,那些健康的零食,如花生仁、葡萄干、大枣等,对人体也有一定好处,可以为人体提供一定量的蛋白质、维生素和微量元素等。

唯唯已经3岁半了,刚刚读幼儿园。她特别爱吃零食,每天早上上幼儿园,都会往书包里塞几包零食,比如果冻、薯片、干脆面、巧克力等。在日常生活中,唯唯也是零食不离嘴的,不管是在饭前还是在饭后,她都会吃上几口零食。

妈妈很清楚,孩子吃太多的零食,对身体没有好处,只有坏处,所以她坚决反对唯唯过量吃零食。可是,唯唯有一个非常宠爱自己的奶奶,奶奶经常趁唯唯妈妈不注意,给唯唯买零食吃。

有一天,一家人刚吃完晚饭,唯唯就把一包虾条打开了,一边吃,一边坐在沙发上看动画片。妈妈看到后,对唯唯说:"宝贝,刚才不是吃了饭吗,怎么还吃零食呢?书上不是写过嘛!饭后吃太多的零食,这是一种非常不好的习惯。小宝贝乖,把虾条给我收起来吧!"说完,妈妈就伸出了手,企图把虾条要过来。

唯唯一听便哭了起来:"我就喜欢现在吃虾条!我就喜欢现在吃虾条!"听到唯唯的哭声之后,奶奶马上从厨房里走了出来,语气疼爱地对唯唯说道:"小宝贝乖,不要再哭了。奶奶一会儿给买去,让你吃个够!"奶奶一边哄着唯唯,一边带着她去了便利店。

从此之后,唯唯吃零食的恶习变得更加肆无忌惮了。慢慢地,在奶奶的溺爱下,唯唯的体重严重超标了,体质也变得越来越差。

吃零食固然有一点营养作用,但是如果过度的话,则极易产生不好的影响:绝大多数零食都含有多种化学添加剂,如色素、香精、防腐剂等,这些物质对孩子的身体健康都不是很好;油炸、膨化类食品,这都是孩子比较偏爱的,也会在一定程度上导致多种儿童疾病的发生,如肥胖、哮喘、厌食等。所以,祖辈们千万不要纵容孩子过度吃零食。

【对祖辈们说的话】

祖辈们无须谈零食而色变,而是应该用科学的态度与方法,让孩子学会正确地吃零食。

适度地吃零食,做好监督、指导工作

不能过量,这是孩子健康吃零食的首要原则,让孩子适度地吃零食,这对孩子的成长与健康比较有利些。要想做到这一点,祖辈们就必须做好监督、指导工作,既不可以强硬地禁止孩子吃,也不可以放纵不理,而是要用科学的态度爱护孩子,严格对孩子进行约束,从而培养出孩子适度吃零食的习惯。

即便孩子撒娇，对于他过度吃零食的行为，祖辈们也不可以放任不管。一定要说服孩子，让他清楚滥吃零食的危害。为了让孩子适度地吃零食，祖辈们有必要坚持科学的原则监督和指导。

吃健康的零食

祖辈们有必要了解健康的零食食谱，尽可能地让孩子吃一些健康的零食，这样才能更好地尽到自己的教育责任与义务，培养出健康的孩子。一般来说，为孩子选择健康营养的零食，如水果、奶制品、核桃仁等是首选。

抵制“洋快餐”的诱惑，因势利导

在我国，肯德基、麦当劳等“洋快餐”已经兴起了多年，汉堡、薯条、可乐、炸鸡等是其主要产品。对于孩子们来说，这些快餐尤其受到欢迎。这一类的食品，某些孩子甚至是百吃不厌，成天都请求爸爸妈妈或爷爷奶奶到肯德基、麦当劳买东西去。其实，这些“洋快餐”对人体健康极为不利。作为祖辈，一定要积极用科学方法引导孩子，帮助孩子抵制“洋快餐”的诱惑。

专家提示：

在营养学家看来，“洋快餐”是一种“三高一少”的食品，即高热量、高脂肪、高胆固醇和少纤维，甚至还被称之为“垃圾食品”。由此可见，“洋快餐”对孩子的健康有着较多负面的影响。

学会“减负”，别只想着孩子

现在，隔代教育因一些负面作用而备受争议，很多专家甚至高举反对之旗，孩子的父母也开始变得犹豫起来，一旦孩子出现了问题，就把责任推到隔代教育上面；祖辈们也是一肚子的气：“为了孩子，我们付出了自己的一切，把自己的爱好与兴趣也牺牲掉了，结果却遭人埋怨，这又何苦呢？”

首先，祖辈们一定要明确，晚年也属于人生的重要组成部分，即便已经接近了黄昏和落幕，但依旧可以发现人生路上的美景，祖辈们应该停下脚步，慢慢地欣赏与享受。所以，虽然为了帮助子女，把照顾孩子的责任承担了起来，但也不可以只想着孩子，让自己的生活被孩子完全占据。祖辈们一定要学会“减负”，抽出一定的时间，好好享受一下自己的晚年生活。

悦悦是家里的独生子，深受爷爷奶奶的宠爱，从很小的时候开始，他就过着衣来伸手、饭来张口的舒适生活。

悦悦早上起床之后，奶奶就把早已准备好的衣服拿来，为他穿上上衣、裤子、袜子和鞋子，然后再领着他到卫生间去洗脸、洗手。奶奶这边担心悦悦把袖子弄湿了，那边又担心他够不着水龙头，于是亲自为他洗脸、洗手。吃饭的时候，奶奶总是担心悦悦自己吃不饱，又担心他将衣服、地面弄脏了，特别是在冬天的时候，奶奶担心饭凉了，因此每顿饭都会亲自喂悦悦。为了让悦悦把一顿饭吃完，奶奶要不停地追着他，在屋子里面转来转去，像打游击一样。如今，悦悦已经4岁了，连筷子也不会用。

每天上午，奶奶都会带悦悦到附近的公园去玩。公园里面有一个滑梯，悦悦喜欢从上面滑下来。奶奶总是担心悦悦会磕着什么、碰着什么，因此时刻都在旁边小心翼翼地护着他。还没有玩几分钟，奶奶担心悦悦的活动量太大，一旦出汗可能会伤风感冒，于是就赶紧叫悦悦回家去。悦悦要上厕所的时候，奶奶会帮他把裤子脱下来，等悦悦解完之后，奶奶又会帮他把裤子穿上。

晚上临睡之前，奶奶会为悦悦打洗脚水，亲自为他洗脚。

在奶奶的晚年生活中，悦悦一直是她唯一的中心，她从来就没想到从悦悦的生活中解放出来。

某些祖辈可能会产生一个问题：“是不是可以不考虑子女的感受，不帮他们照顾孩子呢？”问题不是这么问的，事实上，享受晚年生活与照顾孙辈，这两件事完全可以同时进行，而且自古以来，晚年生活的一个重要组成部分就是“含饴弄孙”，最主要的是要把两者之间的平衡点找到，这样才可以使享受与奉献都不误。

【对祖辈们说的话】

最幸福的晚年应该是什么样的？曾经有一个人这样回答道：“只有三条：活到老，玩到老；活到老，乐到老；活到老，说到老。”

活到老，玩到老

所谓“活到老，玩到老”，主要是指祖辈们应该把自己的良好兴趣与爱好慢慢培养起来。倘若祖辈们没有自己的兴趣与爱好，那么一旦退休，生活就会变得极其单调和乏味，久而久之，就会使情绪受到影响，情况严重的话，甚至还会对精神健康造成损害。倘若孩子在自己的身边，祖辈们可以与孩子一起选择一种感兴趣的事情来做，如此一来，祖孙两代不仅可以互相鼓励和学习，而且能找到彼此之间的共同语言，可以大大增进祖孙两代的感情。

活到老，乐到老

所谓“活到老，乐到老”，主要是指祖辈们应该培养乐观的情绪。俗话说得好：笑一笑，十年少；愁一愁，白了头。祖辈们一定要学会知足，对于不开心的事情，一定要尽早忘掉，可以时常在脑子中回忆一些让自己开心的事情，这样乐观的情绪就会产生出来。如果祖辈们保持开朗乐观的心态，那么由他们带出来的孩子，一般也都具备积极向上的性格。

活到老，说到老

所谓“活到老，说到老”，主要是指祖辈们应该多交流，多说话。多说话，可以使思维得到有效的锻炼，让大脑经常活动，对于祖辈们的健康来说，这一点极为重要。如果祖辈们经常和年轻人交流，还可以接触到很多新的知识与理念，从而开阔自己的思维，学习新的育儿理念。

懂得为自己“减负”

晚年生活也可以多姿多彩，祖辈们千万不要将孩子看成是自己生活的全部，一定要懂得为自己“减负”，要懂得享受自己的晚年生活，让其精彩纷呈。

善于发现和利用时间

事实上，享受晚年生活与照顾孙辈之间并不存在矛盾，祖辈们只要擅长发现与利用时间，不仅可以很好地享受生活，而且还能让孙辈更好地成长和学习。

适时“退居二线”，促进亲子关系

当孩子的父母下班回家，祖辈们就可以“退居二线”了，将孩子交给他的父母,自己则可以跑到外面去散散心,或者是到广场上去,与别的老年人一起唱唱歌,跳跳舞;祖辈们还可以在自己的房间里看书、写字,或者培养一点其他的兴趣。每逢节假日时,祖辈们还可以为自己安排一次旅游,散一下心,让自己的心平静下来,在这个时候,孩子也有更多的机会和自己的父母接触,从而使他们之间的感情得到增强。这样做,不仅可以释放自己身心上的压力,还可以让孩子和父母亲近起来,此外,子女在照顾孩子的过程中,往往会体验到祖辈的辛劳,从而在他们的心中,必然会升起对祖辈的感激。

专家提示:

某些祖辈也许会问:“光是照顾孩子,时间都嫌不够,哪里还有时间去弄别的东西?”事实上,祖辈们只要善于利用时间,那么不光能够使自己的生活充满乐趣,而且不会耽搁教育孩子,在孩子的教育方面,有时甚至会变得更加科学有效。

及早培养孩子的自理能力

对于3岁不到的孩子,祖辈们一般会把对孩子的喂养作为第一要务,想尽一切办法让孩子能够吃得好,吃得多。这在原则上是没有错的,因为喂养的确是非常重要的。可是,很多家长往往忽视了一点,即对孩子自理能力的培养。

在这个时期,孩子想要独立的愿望会变得越来越强烈,喜欢按照自己的意愿来办事情,孩子感兴趣的事情也逐渐增多、想要做的事也会不断地增多。对于孩子而言,在他的自我意识发展中,自理能力会逐渐成为一种内在的动力。一旦孩子具备了这种自理能力,那么只要是他可以做到的事情,他都会自己动手去做。

如果孩子的自理能力很好,当他入幼儿园以后,在群体当中的表现就会非常出色,对其自信心的增强是非常有利的。反之,如果孩子的自理能力不是很好,入园以后,他时常会有一种受挫感,不知不觉中就会感觉自己不如别人，对其自信心的增强是不利的，久而久之，他的上进心也会被影响。

小旬对玩具情有独钟，无论是卡通人物玩偶、车辆模型，还是遥控玩具车、积木等，他都有收藏。他把大部分的时间都花在了玩玩具上，玩完之后，玩具也弄得四处都是，下次再想玩往往就要翻箱倒柜地寻找了。小旬的玩具实在是太多了，放得又非常乱，因此寻找一种玩具，往往要花很长的时间。如果实在找不到，他就会请爷爷奶奶帮着找。爷爷奶奶的身体本来就不好，为孩子找玩具，往往会累得喘气。爸爸看到这种状况，心有不忍，于是决定改变。

有一次，小旬的玩具熊又找不到了，他大声地对爷爷喊："我的玩具熊找不到了！"爷爷听到之后，刚要从椅子上站起来，爸爸赶忙拦住爷爷，并说道："这次我帮他找。"爸爸走到小旬的房间中，才发觉里面是一个玩具垃圾堆。看着小旬满头大汗、一脸焦急的样子，爸爸温和地对他说："我教你一个方法，可以一下子就找到你想玩的玩具。"

"什么方法？快告诉我。"

"你以前总是随便把玩具丢到某个地方，自然很难记住。要想一下子找到玩具，你就得专门找一个地方放置玩具。对于那些不常玩的玩具，你可以将它们放在原来的包装盒中，而对于那些常常玩的玩具，就找几个大箱子，把它们装在一起。一会儿我为你买几个大塑料箱子，你看行不行？"

"可以！但是，玩具这么多，我要怎么放呢？"

"这个问题问得好，比如你可以一个箱子专门装恐龙，另一个箱子专门装汽车。"

"噢，我知道了。"

"将恐龙放在一个箱子里，再将汽车放在一个箱子里，这就叫作分类。现在，你先把类分好，等我将箱子买回来之后，你就根据分类往不同的箱子放玩具，可以吗？"

"行。"说完，小旬迅速拿出了所有的玩具，然后根据种类分成几堆。

一会儿，爸爸就从市场上买回了几个侧板透明的箱子。来到房间，爸爸发现小旬已经将全部的玩具都分好类了。"很好，现在你就把玩具根据不同的类别装进去吧！不过我还有一个问题要问你，你认为是先放大的玩具好呢，还是先放小的玩具好呢？"

小甸想了想,说道:“首先放大的,然后再放小的。如果先放小的后放大的,那么小的就会被大的遮住,这样一来,就很难找到了。”

“十分正确!好,现在就开始自己动手放玩具吧!”

小甸根据分类从大到小地将玩具放进不同的箱子中,接着再将箱子推到墙角边,整个过程做得有条不紊。

爸爸看到这个情景,不禁夸赞说:“做得非常棒!以后你再也不愁找不到玩具了。”

小甸高兴地把头点了点。从此之后,他再也没有碰到过找不到玩具的情况了。

从小甸的事例中,我们可以得出一个道理:培养孩子自理能力的第一步,就是让他们懂得劳动的价值。

【对祖辈们说的话】

祖辈们在培养孩子自理能力时,务必要让孩子品尝到劳动带来的快乐。一旦产生了快乐,那么劳动起来就会更有动力。让孩子从身边力所能及的小事情做起,这即是最好的突破口。因此,祖辈们应该多让孩子自己整理文具、课本、作业本、衣服、玩具等,这十分有利于培养孩子的自理能力。

让孩子思考劳动的意义

祖辈们一定要让孩子思考劳动的意义,这是取得事半功倍效果的关键。如果只是要求孩子机械性地进行劳动,孩子往往会感到十分乏味和单调,长久坚持下去基本不可能。提供给孩子边做边想的机会,这样一来,孩子更容易掌握劳动的技巧,劳动量能得以缩减,孩子的生活自理能力也就可以更快地培养起来。

让孩子认识劳动的价值

劳动能够改善人的生活水平,大人只有通过辛勤的劳动,才能换来一份好工作、房子和车子等,过上美满幸福的生活。孩子则有所不同,他们是“身在福中不知福”,那么怎样让他们知道劳动的价值呢?祖辈们可以让孩子从身边的小事入手,让他们逐渐懂得劳动可以为他们创造快乐。

该放手时就放手，为孩子创造自理的空间

当孩子完全有能力做一些事情时，祖辈们仍旧为孩子操办一切是不对的，只会让孩子养成一味享受大人劳动成果的坏习惯。如果这种习惯养成了的话，以后就很难改掉了。毕竟，对于孩子来说，衣来伸手、饭来张口的生活久了，便会懒惰成性，培养自理能力就更无从谈起了。

专家提示：

培养孩子的自理能力，这是一个漫长而烦琐的过程，因此，在日常生活中，祖辈们一定要多找机会要求孩子做力所能及的事情。在这个过程中，祖辈们还要让孩子清楚，之所以培养他们的自理能力，是让他们知道自己有多大能力。孩子一旦看到自己有大能力，就会充满信心，不断得到成长。

第三章

祖辈爱孩子要懂得放手

现在，孩子普遍都是独生子女，是家中的独苗和掌上明珠，全都宠着、惯着，总是担心孩子会碰着、摔着。特别是祖辈，喜欢事事包办，把孩子养得衣来伸手、饭来张口，没有一点独立生活的能力。事实上，爱孩子并不是一味地宠爱、溺爱，很多时候爱都需要适当放手，让孩子做力所能及的事情。

不做宠坏孩子的罪魁祸首

马卡连柯是苏联工读学校的创始人，他曾经说过一句话：“你想害死你的孩子吗？请给他一剂足够的幸福。”如果孩子缺少了爱，往往会导致感情与心理上的缺陷，而对孩子亲昵和溺爱过度，同样也会造成严重的后果。

为了让自己的孩子能够健康快乐地成长，很多家长往往会给孩子过分的爱。俗话说“隔辈亲”，对于老一辈的人来说，对孙辈倾注的爱与关注常常会不自觉地过了度，从而演变成溺爱，最终对孩子的成长产生了负面影响。

小沈的工作十分繁忙，每天都必须在外面奔波。小沈的爱人在一个网站公司工作，也很少有时间。他们有一个女儿，叫蓝蓝，刚开始交给保姆带，有一次蓝蓝摔了一跤，小沈夫妇不放心，便把蓝蓝交给了爷爷奶奶，夫妻两个人只在周末的时候把孩子接回来住两天。

然而，随着蓝蓝不断地长大，小沈夫妇发现她的脾气变得越来越差了，动不动就发火，事情稍不顺心就会趴在地上打滚耍赖，又或者将玩具全部往地上扔，任何人都管不了。

因为这个原因，沈大爷一家人对蓝蓝进行了一次民意调查。首先是奶奶问蓝蓝：“小宝贝，平时你最怕谁？”蓝蓝回答道：“爸爸。”奶奶又接着问：“那蓝蓝最不怕谁呢？”蓝蓝则答道：“爷爷。”接着又加上了一句：“我的话爷爷最听了。”通过这一次的民意调查，家庭全体成员一致认为是沈大爷把蓝蓝宠坏了。

后来，沈大爷冷静地对自己的行为分析了一下，发现自己的确对小蓝蓝一味迁就和溺爱，严格要求方面简直从来就没有过，对于蓝蓝的请求，总是无条件地满足，这对蓝蓝的教育增添了很多的麻烦。

毋庸置疑，沈大爷是非常疼爱小蓝蓝的，然而，这种溺爱让蓝蓝养成了摔东西的坏习惯，性情上变得无法无天，还将爷爷与爸爸进行对比，认为爸爸对自己太严厉了，太冷漠了，从而为将来的亲子关系种下了隐患。

在日常生活中，祖辈们如果过度溺爱孩子，那么孩子就容易在吃的方面也挑，穿的方面也挑，花钱不节制，一点家务活也不做，其心理承受能力也极低。面临考试的时候，往往又会战战兢兢，魂不守舍，如果考好了，就会目空一切，不可一世；一旦考砸了，则会垂头丧气，自暴自弃。这些孩子有可能在学习方面不错，除此以外，在其他方面基本上找不到任何闪光点。

【对祖辈们说的话】

被溺爱的孩子，在非智力素质方面，极有可能存在着十分严重的缺陷，比如说自私、任性、依赖心强、社会适应能力差、无法与人和谐相处等，这些都必然会对孩子人格的正常发展产生影响。这样的孩子对于正常的社会生活与竞争环境总是难以适应，很容易受到坏人的引诱，甚至会走上犯罪的道路。而这些绝大多数都是因为幼年时期家庭中的溺爱因素造成的不良结果。作为祖辈，对溺爱孩子的问题一定要认真对待，对于诸多不良现象，务必要杜绝其发生。

在生活中不要过分注意孩子

孩子的天性就是爱表现，因此祖辈们应该给孩子提供足够的表现机会，然而尺度一定要掌握好。绝大多数家长都喜欢趁到亲戚朋友家串门的时候引逗孩子进行表演，如果家里来了客人，也会鼓励孩子为客人表演节目。这种行为总是以孩子为中心，倘若长期这样发展下去，孩子便会自然而然地认为自己就是家中的小太阳，从而变得不可一世，骄横暴戾。所以，祖辈们切不可过度关注孩子，最好是在暗中对他进行关照和注意。一旦有客人来访，切不可将自己的孩子当成中心话题。

对于孩子的要求不能有求必应

孩子在家里的时候，总是喜欢与父母谈条件。比如说，孩子早上起来喜欢穿某件衣服，如果妈妈不让穿，他就要挟不去幼儿园了；与父母一起逛超市，一旦看见自己喜欢的东西，就硬是要买，如果父母不给买的话，就不停地哭闹下去，只有他的要求得到了满足，他才会停止下来。久而久之，孩子便养成了诸多的坏性格，如只懂得享受、不会体贴他人等。倘若孩子当真出现了这一类现象，祖辈们千万不要把自己的姿态降低，然后再乞求央告，更不可以将无可奈何或干脆直接顺从孩子的意愿表现出来。这时，祖辈们一定要充分地表现出坚定的态度，理性对待孩子的要求，对孩子的标准切不可降低，同时通过鼓励、信任和严格等方式对孩子进行教育。

祖辈不要给孩子特殊待遇

祖辈们往往会将孩子看成是家中的"小皇帝"，对其处处予以特殊的照顾，让孩子吃"独食"，凡是好的零食与饭菜，就都让他一人独自享用；祖辈们可以忽视自己的生日，然而孩子一旦过生日，则会为他买美味的大蛋糕，送精细别致的礼物。这样做，只会让孩子自以为特殊，高人一等，从而变得无比自私，对他人漠不关心。因此，祖辈们一定要将孩子看成是家中普通的成员，不是小霸王，从而让其知道尊敬与关心他人。

专家提示：

绝大多数孩子之所以变得自私，缺少群体意识，一味以自我为中心，通常都与祖辈们的溺爱有关。孩子缺乏对别人的爱，总是认为亲人为他做的一切都是理所当然的，丝毫也不产生一点感恩之情。

做孩子永远的"粉丝"

在人生的道路上，孩子往往会遇到数不清的挑战与考验，祖辈们应该做好孩子的"粉丝"和"幸福啦啦队"，无论是在孩子表演时，还是在人生的每个道路上，都要做他永远的"粉丝"，不断加油鼓劲，当孩子碰到各种困难时加以协助，这样孩子才会更自信，更快乐。

对于年龄比较小的孩子而言，即便舞台再小，那个世界也是相当陌生的。在这个展示自己的空间中，祖辈们应该在旁加以鼓励。当孩子在舞台上表演时，他最需要的就是家人的支持和打气。

社区打算开办一次新年晚会，正在上小学二年级的融融被家里人动员，催促报名参加。吃晚饭的时候，融融的爸爸笑着跟他说："居委会的爷爷奶奶们都特别提出希望你参加，融融可真算是做到了墙内开花墙外香呵！拥有如此多的超级粉丝。"融融的奶奶则笑着说："你就把自己最拿手的节目表演一下，与平常的时候在家里的表演一样，你看行不行?"

事实上，融融还是有点不自信，可他又觉得自己必须做一个勇敢的好孩子，不能使爸爸妈妈和奶奶失望，于是便点了点头，算是答应了。“那我就表演《小燕子》吧！爸爸、妈妈、爷爷、奶奶，你们也都一起去参加晚会，好不好？”奶奶笑着说：“当然了。融融的表演，我们怎么能错过呢？我们是你永远的支持者。”

晚会现场上的节目一个接着一个过去，快要轮到融融进行表演了。第一次看到这么多人在台下坐着，融融缩进奶奶的怀中，不敢登台表演了。奶奶没有办法，只好硬拉硬抱，将融融弄到了台上，并靠近她的耳朵，耳语了一会儿，之后便走到舞台一侧，兴奋地为融融加油。

音乐声已经响起来了，可是融融仍旧低着头，不见丝毫动静。下面发出了笑声与议论声。站在舞台一侧的奶奶情急生智，于是跟着音乐轻轻地唱出了声：“小燕子，穿花衣，年年春天来这里……”一边唱着歌，一边还伸出双手，打起了节拍。

听见歌声之后，融融慢慢把头扭了过来，发现奶奶的眼中全是鼓励的神色，把头扭回来之后，又发现爸爸妈妈也跟着唱了起来。融融一下子变得轻松了，于是也跟着奶奶爸爸妈妈唱了起来，两只小手还模仿小燕子的姿势，如同张开了“翅膀”一样，在舞台上欢欢喜喜地跳起了舞。最后的演出十分成功，现场观众无不受到了感染。演出结束之后，融融开心地对家人说：“你们是我的超级粉丝团，没有你们，就没有我。”

毕淑敏是中国当代一位著名的作家，她和自己的儿子曾发生过一段有趣的故事。儿子待在家中，正在翻看一堆杂志，然后说出了一句话：“我打算到日本给自己放一次风。”毕淑敏了解自己的儿子喜欢异想天开，所以听到这句话也没怎么放在心上。儿子接着说：“你连一点表态都没有，你难道不认为我非常独立、非常勇敢吗？”毕淑敏回答道：“的确是蛮勇敢的。然而这个世界上的很多事情，并非只靠勇敢就可以办成的。比如说到日本旅游这件事吧，你身上没有钱，又怎么施行呢？”这个时候，儿子非常严肃地说：“这杂志上面有一个广告，说有一个关于宗教博物馆建筑创意征文比赛即将举办，获得金牌的人可以到日本观光旅游，全程免费。”说完之后，便递给了毕淑敏一个海外刊物。毕淑敏看都不看，紧接着说：“你又不懂关于宗教与建筑的知识，又怎么可能获得金牌呢？金牌银牌铜牌历来都只有一块，竞争十分激烈。我劝你还是好好做自己的功课吧！别做白日梦了。”儿子却毫不气馁地说："宗教和建筑知识我是不太懂，但我有的是创意，比如说，在博物馆中设置有浓郁宗教气氛的藏香，还可以播放佛教音乐、卖斋饭……"儿子不停地讲着自己的独特创意，可是对于儿子的创意，毕淑敏并不感冒，孩子的成绩，则是她更为关心的一件事。大半年之后，毕淑敏的儿子果然收到了一封请柬，邀请他去参加海外发奖仪式。原来，他真的获了奖，是创意银牌奖！

大人应该站在孩子的身后，时刻为他加油，为他鼓劲，做孩子最忠实的"粉丝"。这样才可以把孩子的热情点燃，让他无所畏惧地往前冲，从而形成自信乐观的好性格。

【对祖辈们说的话】

孩子有着无限的潜力，需要祖辈们去发掘与鼓励。作为爷爷奶奶、外公外婆，应充分表现出信任与支持孩子的态度，用实际行动做孩子永远的"粉丝"。

发自真心地对孩子寄予期望

祖辈们要想做孩子永远的"粉丝"，那么就应该在平时对孩子感兴趣的东西多了解，对于孩子的努力与进步，一定要做出认可的表情与态度。为了让孩子更好地把自己的能力表现和发挥出来、做得更加出色，祖辈们必须发自真心地对孩子寄予期望。

和孩子交流，不断向他们学习

如今的很多孩子，不光在创意方面要比成年人强，在其他很多方面，也存在着优秀的想法和做法，十分值得成年人去学习。比如说，孩子一般都更容易接受新事物，有着很强的自主意识，孩子热爱追求平等和自由，规则意识比较明显等。祖辈们应该积极地和孩子进行交流，不断向孩子学习，做孩子永远的"粉丝"。

专家提示：

自信对每个人都十分重要，没有自信，人很难有勇气去面对人生的挑战，同时也就失去了成功的可能性。自信来源于成功的体验，祖辈努力去做孩子的"粉丝"，可以帮助孩子体验到成功，这种体验越多，孩子的自信心就会越强。

正确对待孩子的破坏行为

在日常生活中，我们常常发现孩子会“搞破坏”，比如说把手中的玩具砸碎踢乱、将布娃娃的鼻子咬烂、把小帆船的帆和船身折分开弄得东一块西一块的、将塑料小鹿的一只角拔下来……在现实生活中，这样的例子可以说是不胜枚举。

对孩子的这种破坏欲，祖辈们往往是最头疼的，原本很好的玩具，转眼之间就变成了一堆废品。一旦遇到孩子的这种破坏行为，那么在这个时候，祖辈们往往会训斥孩子。事实上，如果破坏行为利用得当，往往可以转换为创造能力。因此倘若家里有条件，可以为孩子创造一个能够自由想象的空间。

2 岁半的天天将所有的玩具都搬了出来，每样都玩了一遍。玩腻之后，天天便四处寻找，看家中还没有其他好玩的东西。寻找了半天，天天终于找到了妈妈的一管口红。天天打开盖子，扭了几下，口红就冒出来了。天天试着把口红在地上涂了涂，与水彩笔相似，天天觉得非常好玩！家人回来后，发现地上全是天天的“作品”，而那管口红也早已经面目全非了。

孩子想弄清楚全部他感到新奇的东西，这基本上就是孩子搞“破坏”的一个大前提。孩子的这些“破坏”行为，往往强烈地考验着祖辈们的忍耐力，其实孩子往往不是故意使坏，他们根本就不知道那么多！

既然无法有效避免孩子的这种探索行为，那么我们只能想方设法将损失降至最低点。对于珍贵的东西，我们应该及早地将其收藏起来。或者对孩子的一举一动，我们有必要进行认真的观察，试图明白他们到底对什么感兴趣。弄清楚之后，然后提供给他们感兴趣的东西。

有关专家指出，孩子先天具备占有欲和破坏欲，它们就像是一对孪生兄弟。在商场中，孩子一般都知道不可将货架上面的东西打落在地，这主要是因为孩子也清楚，商场里面的这些东西并非自己家的。孩子破坏的东西，通常都是属于自己的东西，或者是他们自己定义为属于自己的东西。

然而,让人十分奇怪的是,热衷于搞破坏的孩子,往往又是秩序的维护者。倘若他看到门没有关紧,往往跑过去将门关紧;倘若他发现抽屉开着,那么他也会跑过去把抽屉关上。俗话说"不破不立",因此在孩子的成长过程中,破坏欲也是一种必需。

一般来说,孩子的"破坏行为"可以分为两种:一种是"无意破坏",另一种则是"有意破坏"。对于 2 岁左右的孩子来说,由于手眼脑的协调能力没有完全发展起来,因此在分析判断的时候,往往会有所欠缺,对各个方面的估计,如时间、空间距离、物体重量体积等,并不是很准确。孩子的破坏行为,大多可以归之为"无意破坏"。

随着孩子的成长,其在自我控制能力方面也不断增强,从而慢慢出现一些"有意破坏"的行为。比如说,孩子将积木刚刚搭建起来,祖辈们正在称赞他,孩子自己也十分自豪,洋洋得意的,然而在拍手叫好时,孩子可能会在突然之间推倒那些叠得很高的积木,而且会显得十分的开心;爷爷花了很长的时间,终于为孩子折出了一匹十分漂亮的纸小马驹,可当他玩得正起劲时,忽然不明所以地把小马揉成了纸团,四处扔来扔去。

【对祖辈们说的话】

面对孩子的各种破坏行为,祖辈们首先应该在口头上给予他们警告,接着再把道理讲出来,等到孩子的情绪平静下来之后,再帮助他把这种损失"弥补"回来。

找到破坏行为的真实动机

祖辈们要尝试理解孩子,将他们的这种破坏行为的真实动机找出来。倘若孩子只是为了恶作剧,那么就应该教他用别的有益的活动加以代替,例如竞争性的体育活动,可以把孩子的注意力吸引过去。倘若孩子出现了不满或者是愤怒的情绪,那么就应该教会孩子以适当的方式进行发泄,例如撕一些旧报纸、摔打枕头等。倘若孩子的破坏行为是故意为之的,那么祖辈们就要检查自己和孩子之间的关系,找出真正的原因,接着再对症下药。

正确看待孩子"搞破坏"

孩子一旦出现破坏行为,祖辈们必须把其中的原因弄清楚,然后再耐心地引导与帮助孩子认识到自己的错误，从而提高他的分辨是非的能力。某些孩子喜欢破坏东西，主要是他有很强的好奇心。孩子对很多东西都感兴趣，比如说闹钟为何会滴答作响？难道它的身体里面藏着机关？不如将它拆开来看一下！就这样，闹钟最后变成了一堆废铁。祖辈们应该保护这种破坏行为，并且引导孩子重新组装已破坏的东西，这样可以培养孩子的动手能力和创造精神。

教会孩子与人为善的道理

作为祖辈，一定要想方设法地提高孩子的自我克制能力，纵然是产生了一些不愉快的摩擦，也要尽可能地去调整，对自我进行有效克制。一定要教会孩子与人为善的道理，并让其学会与人进行协作和公平竞争。破坏只可以把一时的情绪宣泄出来，最终自己只能被周围人孤立起来，这是唯一的结果。

专家提示：

对于孩子的某些破坏行为，祖辈们应该给予一定的理解；对于孩子的那些好奇心，祖辈们也应该关心，并给予适当的支持；对于孩子的求知欲和探索精神，则要充分肯定和鼓励。倘若批评和怒斥孩子的某些破坏行为，往往会使孩子的好奇心冷却下来，将孩子的求知欲望彻底浇灭，十分不利于孩子能力的培养。

给孩子独立思考的空间

如今是一个信息化时代，每个人都面临着极大的挑战，因此大人也希望孩子拥有更强的能力。一旦孩子的思考能力变强，那么求知欲望也会加强，可以坚持终身学习，创造力也会变得越来越突出。孩子只有拥有了独立思考的能力，才可以与时俱进，更好地融入社会。

对于孩子而言，在其成长的过程中，独立思考是一个非常重要的方面。倘若长时间不对孩子的独立思考能力加以锻炼的话，那么孩子的思想就会变得越来越僵化。如果你问孩子，月亮和什么像，他的答案可能永远都是小船或者圆盘;一说到“龟兔赛跑”,他给出的启迪也总是“骄傲使人落后”;如果问树上栖居着十只鸟,用枪打死其中的一只,树上还剩几只鸟,他的答案也永远只是“一只鸟也没有”。所以从某种意义上而言,孩子独立思考的过程,事实上也就是成长的过程。

坤坤平时做事非常粗心,即便是老师布置下来的作业,他也时常忘记做。做作业的时候,也不喜欢思考,往往瞎写一气,结果总是弄得错误百出,一直以来学习成绩都是一塌糊涂。为了使孩子粗心的坏习惯能得以改掉,坤坤的妈妈总是不断地督促儿子,要求他每天都将家庭作业抄在作业本上,一回到家就认认真真地做,完成之后,还必须再大声地朗读检查一遍。

坤坤嫌这样太麻烦了,于是便请求每天接送他上学下学的奶奶帮忙。奶奶于是瞒着媳妇,提早来到学校给孙子抄题目,把坤坤接回来之后,再暗地里帮孙子改正错题。长此以往,坤坤不爱思考的坏毛病变得更加厉害了,一个学期下来,考试成绩愈发糟糕。妈妈追问坤坤为什么会这样,坤坤这才把请奶奶代写的事坦白了出来。结果,妈妈发火了,奶奶流泪了,孙子号啕大哭了,一家人乱得像一团麻。

在很早之前,曾发生过这样一件事:一所国际学校中,面对来自不同国家的学生,老师在黑板上写下了这样一道题:“在这个世界上,好像还有几个国家的粮食比较紧缺,有谁思考过这个问题吗?”结果,非洲的学生不知道何谓“粮食”;欧洲的学生不明白什么叫“紧缺”,美国的学生不晓得什么叫“其他国家”;而中国的学生则不清楚什么叫“思考”。

在我国,在教育孩子的过程中,绝大多数家长总是喜欢直接告诉孩子应当如何去做,而从来没有重视让孩子自己去独立思考。长此以往,孩子既然没有思考的过程,那么自然而然也就无法享受通过思考获取认知的快乐。

【对祖辈们说的话】

康德是18世纪德国最伟大的哲学家和教育家,他曾经说过一句话:“人的教育不能只是简单地、机械地接受训练,最重要的是要使儿童学会思考。家长教育孩子,不仅要让孩子学会倾听,学会表达,还一定要让孩子学会思考。尤其是在孩子取得成功或遭遇失败的时候,在孩子犯错而尚未认识到的时候,给孩子一点时间和空间,让孩子进行反思或反省,是十分必要的。”

巧妙提出观点，让孩子据理力争

在大人和孩子交往的过程中，同样可以采取有礼貌地反驳别人的行动。祖辈们可以巧妙地将自己的观点提出来，从而使孩子的兴趣得以激发，让孩子为自己的观点据理力争。通过这样的方式，可以帮助孩子形成自己的想法，强化他的逻辑思维，使他真正懂得应该怎样自信地提出问题。在友好的气氛中，祖辈们可以启发孩子阐明自己的想法，让他寻找到足够的理由进行反驳。然而必须注意的是，一定要避免孩子毫无理由地吵闹，只允许他据理力争。只有做到这样，才可以有效培养孩子独立思考的能力，帮助孩子养成正确的思维习惯。

让孩子养成“倘若……”的思考习惯

祖辈们有必要让孩子养成“倘若……”的思考习惯，这能培养孩子同时考虑几种完全不一样的选择。如果孩子冲动地想要进行一项不太合适的举动，那么在这个时候，祖辈们一定要加以制止，让他细心思考一下，倘若这样做，会出现什么情况，让孩子自己找出其中的原因所在，为何这样做不好。长此以往，当家人不在身边，或者是旁边没有人帮忙的时候，孩子也不会莽撞行事，而是做到三思而后行。

鼓励孩子多提问，提高其思维运转速度

通过鼓励孩子多提问的方式，还可以使孩子的思维运转速度得到提高。不同年龄阶段的孩子，往往会向祖辈们提出很多精彩而又奇怪的问题。比如说：“为什么天冷下来之后，水就会结冰呢？”“我是从哪里来的，我应该到哪里去？”孩子们提出的问题往往千奇百怪，很多时候都会让人感到荒唐可笑。

面对孩子提出来的问题，某些祖辈可能会有些不耐烦地说：“去！去！去！”并接着说：“怎么会有那么多的为什么呢？”事实上，这样的做法是非常糟糕的。这不光会扫了孩子的兴，还会使孩子对周围事物的观察和思考能力受到挫伤甚至磨灭。面对孩子提出的问题，祖辈们有必要耐心地给予启发和诱导，多给孩子问号，少给孩子句号。这样做，往往可以使孩子的好奇心得到激发，从而让孩子在思考问题时更加全面和具体。

专家提示：

如果没有思考和创新的话，那么蔡伦就发明不出来纸；牛顿也不会通过苹果掉到地上的现象，发现万有引力定律；爱迪生也不会将电灯、电话和留声机发明出来。思考实质上是一种技能，通过训练的方式，我们就可以获取它。倘若不重视开发思考的能力，那么它就会慢慢萎缩掉。

要安排孩子做家务事

在日常生活中，祖辈们应该有意识地把一些适当的、力所能及的家务事分派给孩子做，比如说给花草浇水、打扫卫生等，这样不仅可以使孩子的自主能力得到锻炼，而且能增强孩子的责任感，从而帮助孩子更好地体验劳动的乐趣。

在教育孩子的过程中，祖辈们应该充分利用好家庭生活中每一个机会，尽可能地让孩子“自己的事情自己做”，并且运用游戏、比赛等方式，将孩子自己动手的积极性与主动性充分激发出来。

嘉嘉已经读五年级了，很多时候都与奶奶住在一起。嘉嘉平时喜欢帮奶奶做家务，她认为这是一件光荣的事。有一天，奶奶发烧了，吃完饭之后，便躺在床上。嘉嘉看见这种情况，主动上前说今天的碗自己洗。嘉嘉先把每个碗以及盘子里面的剩饭剩菜都倒在厨房的垃圾袋中，接着再把所有的碗摞在一个大盆里，然后再一起放进水池子中。嘉嘉把水龙头打开，将洗洁精倒上，开始洗碗了。突然之间，嘉嘉的手一不小心滑了，一个碗摔在了地上，顿时粉碎了。

奶奶听到后，走到厨房对嘉嘉说：“没有关系，第一次洗碗，难免的事，很多人都是这样开始的，最主要的是慢慢地掌握要领。”嘉嘉得到奶奶的鼓励之后，放松了很多。嘉嘉之后洗碗认真了许多，丝毫不见毛躁的现象了。洗干净全部的碗之后，嘉嘉的胳膊都已经发酸了，她甩着胳膊对奶奶说：“奶奶，以前看你洗碗，好像很轻松的样子，今天试了一下，才知道原来这么累。你真的是辛苦了，以后一半的家务就分给我吧！”

让孩子做家务，虽然看起来只是小事，可是好处很多，除了前面说到的，它还可以将孩子“饭来张口，衣来伸手”的坏习惯彻底改掉，使孩子的生活自理能力得到提高，使孩子的自信心和独立性得到增强。

孩子长期在优裕的环境中生活，极易形成依赖心理，结果就会变得越来越懒惰。祖辈们特别要注意，多让孩子参加家务劳动，从而帮助孩子克服“偷懒”的心理。

对于一些轻松的家务活，如洗碗、洗菜、洗锅、倒垃圾等，应尽可能地让孩子自己去做。某些家务则可以让他与大人一起做，如包饺子、收拾房间、整理桌面、叠被子等。此外，买油盐酱醋等，也可以让孩子帮忙，这样不仅可以培养孩子的人际交往能力，还能提高孩子独立生活的能力。

【对祖辈们说的话】

在日常生活中，应间接指导或积极鼓励孩子做一些简单的家务事，让他充分体会到一种成功的喜悦，即依靠自己的双手，就可以取得劳动果实。

提出任务，创造条件

祖辈们最好是先将任务向孩子提出来，然后再悄悄创造条件，以便让孩子更好地完成任务。比如说，在让孩子学习洗衣服的过程中，首先让他洗污渍少的衣服，然后慢慢增加难度，这样才会使孩子做家务的兴趣得到提高。如果首先就让孩子洗污渍多的衣服，那么就会一下子把他难倒，以至于再也不听从指挥。分派给孩子的任务，应该是他力所能及的事情。

主动请孩子“帮忙”

日常生活中，祖辈们还可以主动请孩子“帮忙”。祖辈们的年纪都已经很大了，行动起来不太方便，对于一些孩子力所能及的活儿，可以经常请他帮助自己做。比如说，在晒衣服时，可以这样对孩子说：“宝贝，给奶奶拿几个衣撑过来吧！”在这个时候，孩子一般都会积极地去做。

讲名人爱劳动的逸事

给孩子分配家务时，祖辈们还可以通过讲名人爱劳动的逸事等方式，让孩子清楚，自己的事情必须自己做，自己的小手也可以做出很多的惊天大事。

循序渐进,适当辅助

如果家务事比较繁重,那么最好是分成几个部分一点一点地教给孩子,千万不要操之过急。孩子的耐心一般都是有限的,如果长时间只做同一件事情,往往会出现厌烦情绪,因此祖辈们有必要时常换换花样,抑或是让孩子轮流来做,这样还有助于他们掌握更多的劳动技巧。

对于年纪比较小的孩子,请他们做事时,祖辈们应该加以辅助。比如说,在乘电梯的时候,可以把孩子抱起来,让他去按电梯里面的按钮,这样在简单的行为中,孩子就可以得到快乐与成就感。

不可过度关注

孩子做家务时,为了给孩子充分的行动自由,祖辈们切不可过度关注;放手让孩子自己自由行动,不要中途插手。在做事情的过程中,也不要提什么建议,充分信任孩子,给他足够的安全感,这样孩子才能大胆地进行尝试,从而获取成功。

适当给予鼓励和赞美

一旦孩子独立完成了一件事情,那么在这个时候,祖辈们就应该给予一定的鼓励,这样可以增强孩子的兴趣,提高孩子的自信心。

对于大人的评价和肯定,孩子一般都比较在意,所以,一旦孩子主动向祖辈们展示自己做事的成就,那么在这个时候,祖辈们就应该立即停下手头的工作,及时关注和夸奖自己的孩子,真诚地赞美和鼓励自己的孩子:“让我看一下,呵,真的进步了!”

专家提示:

如果孩子做事做得不是很好,祖辈们可以适当将标准放低一点,对孩子宽容一点,切不可表现出抱怨的情绪,嫌弃孩子做事差。这个时候,祖辈们最好是给孩子一个拥抱或亲吻,或者是在他人面前对他夸奖一番,这样他就会受到莫大的鼓舞,从而更加努力。

引导孩子自己动手

家长们一个普遍的心态,就是“望子成龙,望女成凤”。然而,由于很多家长的教育方法不正确，因此孩子往往无法成“龙凤”，相反却变成了“虫”，家长的美好期望更是一落千丈。倘若想让自己的孩子成为人中龙凤，那么首先要让孩子学会独立，自己的事情自己完成。

对于子女的抚养教育，做父母的一般都是用心良苦的，细心的关照，不仅非常全面，而且还十分持久，特别是对于独生子女来说，更是有过之而无不及。

星期一早上，新新与平时一样，躺在被窝中久久爬不起来，说：“爷爷奶奶，你们就先下楼去吧。等你们把一切都准备好之后，我自然会下楼来的。”爷爷奶奶哭笑不得，只好先下楼去。奶奶对新新说：“孙子，奶奶下次再上来的时候，希望可以看到你已经把衣服穿好了。”新新一听，顿时生出了一股豪气，说：“我一定会自己把衣服穿上的，你们就给我安心下去吧！我自己的事情，我自己会动手完成的，绝不麻烦人家。”奶奶再次上楼的时候，果然看到新新自己把衣服穿上了。虽然穿得并不是很整齐，但做到这样，也已经非常不错了。奶奶一口一口地称赞新新，在奶奶的不停赞扬中，新新简直乐坏了。从此之后，很多事情，新新都会自己去做，即便是平日必须催促半天也不肯做的事，新新也开始主动去做了。

晓晓今年已经4岁了，早就可以自如奔跑了，然而令人不解的是，每次在外面玩，凡是有奶奶在旁边，晓晓走不了几步，就会连喊累人，然后就会缠着奶奶，让奶奶抱着自己。一个周末，晓晓全家都到公园玩去了。在出门之前，爸爸妈妈就与晓晓“约法三章”了，要求她必须自己走路，晓晓为了能去公园，也就随口答应了。可是刚进公园没走几步，晓晓就连喊双脚太累了，随即赖在地上不走了，非缠着奶奶抱才可以。爸爸妈妈问晓晓：“你没有脚吗?”晓晓撒娇地回答：“奶奶的脚，就是我的脚。”爸爸妈妈听后，不知道说什么，奶奶这时却哈哈大笑起来，说道：“晓晓真是太聪明了，好，奶奶来抱你。”说着说着，就走向前伸出手打算抱晓晓了，爸爸当然不愿意看见奶奶累着了，只好自己把晓晓抱起来。一家人逛完公园之后，爸爸的胳膊也累酸了。

在第二个案例中，在奶奶过度的宠爱下，晓晓出现了依赖心理，即便是最基本的走路，也不愿意靠自己。而在第一个案例中，新新在奶奶的鼓励下，坚持自己的事情，自己动手，自己完成，做得非常出色。

很多祖辈都存在一个问题，就是“心太软”，对于孩子的全部生活大包大揽，像高级酒店一样，进行“一条龙”“全方位”“系列化”的服务。孩子长期过的是“衣来伸手饭来张口”的生活，就好像是温室里面的花朵一样，患上了“软骨症”，其后果是很让人担忧的。所以，怎样对孩子的独立人格进行培养，应该成为家长尤其是祖辈们最重要的一堂必修课。

【对祖辈们说的话】

为了使孩子自己动手解决问题的能力得到锻炼，祖辈们应当多让孩子“自己来”，让他们自己面对各种各样的困难，在多次的磨炼之中，将解决问题的方法学到手。

尽量保持一段爱的距离

一般来说，小孩子都有比较强的模仿欲望，一旦见到大人做事，便往往会上前帮忙。比如说，当看到奶奶正在洗碗，那么他也想试着洗一下；当看到爸爸推自行车，那么他也想跟着推一下车。然而，祖辈们一般都喜欢宠孩子，担心孩子受到意外的伤害，让孩子自己做这些力所能及的事，心里总是不踏实，总是放心不下。

这样，事实上会产生非常多的副作用。比如说，会让孩子丧失自己动手的机会，剥夺孩子能力养成的机会，严重打击孩子的求知欲望，等等。对于这些副作用，祖辈们一定要有一个清醒的认识，尽量保持一段爱的距离，放开手让孩子自己做力所能及的事。

引导孩子“自己来”

小孩子一般都会看大人的眼色行事，尤其是与祖辈们在一起的时候，弄不好就会和他们耍赖，祖辈们一旦心软下来，就不得不满足孩子的要求了，从而事事代劳。对于孩子力所能及的事，祖辈们一定要适当鼓励孩子，比如说“爷爷奶奶都相信你可以做好”“你是个小男子汉，这点小事不会难倒你！”等，从而让他积极地完成任务。某些事情，如果孩子没有意识去做，那么祖辈们可以适当加以启发。比如说，早上起床时，可以对孩子说“隔壁家的莉莉已经会自己叠被子了，你也试一试吧？”这样做的话，对于自己动手的建议，孩子就会很快乐地接受，并慢慢地养成一种好习惯。

为孩子制造动手的机会

倘若孩子自己想动手做事,即便是见到孩子犯错误了,或者是把什么东西弄坏了,祖辈们也可以暂时放过,让孩子自己尽情去做。之所以这样做,主要就是为了给孩子制造一些自己动手的机会,让他在尝试的过程中,汲取经验和教训,从而有利于以后更好地解决问题。对于孩子而言,这种经验有可能是成功的,也有可能是失败的,然而无论是成功还是失败,在孩子往后的生活中,都将会发挥出重要的作用。

专家提示:

对于孩子的各种正当需求,以及兴趣和爱好,祖辈们应该加以尊重,并鼓励孩子通过自己的方式,把内心的想法表达出来。碰到事情,要多和孩子商量,多采纳他们的意见,对于孩子自己做出的选择和决定,要能够包容。放手让孩子与社会生活发生接触,在这个过程中,他们可以经历到各种各样的磨炼,从而使其社会适应能力得到提高。

尝试将自己交给孩子照顾

作为老年人,祖辈们可以适度地让孩子照顾一下自己。一旦关心与被关心的位置发生了颠倒,两者之间的关系就会出现质的变化。从祖辈们关心孩子,演变为孩子关心祖辈们,从此以后,孩子有了关心照顾的对象,知道自己的身上担负了责任,自然而然就会出现明显的进步。

对于祖辈们来说,一般都会将自己放置在关切保护孩子的位置上,凡是关于孩子的事情都会操心,不光使自己很累,而且还有可能使孩子养成依赖心理,在无形之中,孩子就会逐渐缺失责任意识。

有一位老大爷,他的儿子儿媳长期都在外地工作,而他的老伴身体又不太好。有一次,老大爷要到省城办一些事,大概需要很长时间才可以回来。临走之前,老大爷对10岁的孙子说:“我马上就要到省城去了,可能一两个月都不会回来,照顾奶奶的重任就交给你了。每天晚上一定要记住关好门和窗户,把煤气罐检查完之后,才能睡觉。一切就拜托你了!”孙子把眼睛眨了眨，认真地点了点头，算是答应了。老大爷看此情景，很感安慰，放心地去了省城。

两个月之后，当老大爷从省城回来之后，老伴欣喜地对他说，自从他走了之后，孙子出现了翻天覆地的变化，不仅变勤快了，而且懂事了许多。“孙子现在可关心我了，还学会了做饭炒菜。”孙子放学回家之后，为了庆祝爷爷归来，还专门为他做了一顿丰盛的晚宴。老大爷非常高兴，认为自己当初的做法是完全正确的。

一般来说，祖辈们对孩子的照顾往往会无微不至，这样极易令孩子产生逆反心理，觉得什么都被大人管了，自己已经没有了自由。祖辈们的年纪都已经很大了，虽然为孩子做了很多事情，反而可能会吃力不讨好。

对于年轻父母而言，教育孩子的最好机会就是家里有老人。不应该将孩子交给老人，而是让孩子懂得去关心老人，让他们对老人给予一定的关怀。

【对祖辈们说的话】

在照顾老人的过程中，孩子可以逐渐培养出一颗坚强的心，对于自己的坏习惯，也可以加以克服；当绝大多数的孩子仍在享受衣来伸手、饭来张口的特殊待遇的时候，这样的孩子已经学会自己洗衣服和做饭了；当不可胜数的家长站在学校门口等候自己娇滴滴的孩子放学的时候，这样的孩子早已经习惯于一个人上下学回家了。

引导孩子来照顾自己

祖辈们可以引导孩子对自己进行照顾，比如说，在家里做家务的时候，可以有意识地叫孩子为自己帮一下忙，买一点东西、帮助搀扶老人等，这些都是非常有效的方法。即便祖辈们自己完全可以做的事，也能适当交付给孩子做，还可以对孩子说：“爷爷奶奶的年纪都已经很大了，这些事都已经做不了了，等你长大了之后，一定会比我们做得更加出色。”经常做这样的暗示，可以让孩子意识到自己肩上有着许多不可推卸的责任。

适当给予孩子夸奖与赞扬

当孩子照顾老人的时候，祖辈们一定要给予适当的夸奖与赞扬。倘若长时间让孩子对自己进行照顾,却不给予他一点的认可、鼓励和夸奖,那么孩子就会感到自己受了委屈,认为自己在家庭中没有地位,只是无足轻重的一员,从而产生自卑感,甚至出现自闭心理。

对于孩子在照顾老人方面的努力与成就,祖辈们必须关注和留意。如果看到孩子帮助老人做事,祖辈们一定要真诚地加以赞扬,站在旁观者的立场对孩子进行正面积极的评价。当孩子照顾自己的时候,祖辈们一定要认真地说一声“谢谢”,这样可以使孩子的努力得到认可。对于赞扬这一行为,祖辈们一定要让孩子有一个更加准确到位的认识,从而帮助他养成良好的生活习惯与个人素养。

倘若孩子做得不是很好,祖辈们也要一方面对孩子加以肯定,一方面给予孩子正确的引导,千万不要盲目训斥孩子,这样只会让孩子感到吃力不讨好而不愿再努力做事并改进。

专家提示:

让孩子去关心老人和照顾老人,还能够使孩子设身处地地体会到祖辈们照顾自己时的艰辛,从而对祖辈们增添更多的关心与感激,祖孙之间的关系也会变得更加融洽。对于孩子的自身能力来说,也是一个很好的锻炼机会。

第四章

培养好习惯，不纵容坏习惯

在孩子的成长过程中，必须培养好习惯，祖辈们千万不要抱有“树大自然直”的侥幸心理。孩子的习惯往往决定着孩子的未来，不良的习惯会阻碍孩子走向成功。孩子的成功教育，就是从培养好习惯开始的！祖辈们应该引导孩子告别坏习惯，拥有越来越多的好习惯，成就美好人生！

培养孩子科学、正确地看电视

对于孩子来说，接受电视的影响应该是一个循序渐进的过程，要想充分理解电视节目，也需要一定的时间。所以，祖辈们一定要让孩子科学、健康地看电视，适当地监督与控制孩子的行为，这样才会让电视变成促进孩子思维发展的好助手。

电脑逐渐进入到人们的家庭生活之中，使人们的文化生活大大的充实和丰富，对于儿童来说，电视尤其具有吸引力，可以为孩子带来很多的好处。比如说，电视能够使孩子的词汇量得到扩大，促进孩子的语言发展，从而使他的表达能力得到提高；电视是一种媒介，能够帮助孩子认识到各种各样从来没有接触过的事物，从而使孩子的知识面得以拓宽，帮助孩子获取广泛的信息，对孩子大脑的开发非常有帮助。

电视固然可以为孩子带来很多的欢乐与知识，但同时，它也会制造出很多麻烦和问题。对于孩子来说，不正确的看电视方式和看不当的电视节目都是非常有害的。一般来说，孩子的视觉系统发育通常都不太完善，一旦看电视过久，就会造成多种眼部疾病，如近视、斜视、散光等；看电视是一种被动行为，容易使孩子在生活中缺乏主动性，不乐意与别人交流，从而导致“电视自闭症”等。

毛毛今年两岁多了，是一个小电视迷。从1岁的时候，他就迷上了电视。每天早晨，还没有起床，毛毛就会用手指着电视说道：“电视，电视……”爷爷知道毛毛又想看电视了，于是马上为他穿上衣服，把他从床上抱了下来。毛毛来到电视机前，按动按钮，兴高采烈地看起了动画片。

早饭吃过之后，爷爷想带毛毛出去玩：“小毛毛，爷爷带你到外面玩去，好吗？”毛毛总是会摇头，接着坐便到沙发上去，用遥控器把电视打开。

奶奶过来了，对爷爷说：“为什么没有带孩子出去玩呢？天天看电视对孩子的眼睛会很不好的。”爷爷说：“他就喜欢看电视，别的什么也不想干，根本带不出去。”“这可如何是好！这么小的年纪就迷上了电视，长大之后还了得？”爷爷不以为然，说道：“没有什么大问题，等毛毛上幼儿园之后，看电视自然就会越来越少了。”奶奶说服不了爷爷，只好走开。

而4岁的芳芳也很喜欢看电视，奶奶每天会陪着芳芳看。有一次，芳芳与奶奶一起看动物世界，里面讲了一只母老虎如何带着几只小老虎艰难生存的事。在看的过程中，奶奶总是给芳芳讲母老虎是怎样的辛苦，小老虎是怎样的淘气等。芳芳如果问一句：“小老虎平时都吃什么呀？”奶奶则会说：“吃大老虎的奶呀！”

后来，母老虎因为捕捉不到猎物而变得越来越瘦，芳芳看到此情此景，不禁担心地问：“大老虎可能会饿死吧！”“不会的。”当电视上出现一只雄性老虎，不经意间发现了小老虎，想把它杀死的时候，奶奶马上关掉了电视。芳芳很不开心，闹来闹去还想看，奶奶对芳芳说，只要她可以将小老虎的故事讲一遍，那么明天就带她到动物园看真正的老虎。

听到这句话，芳芳高兴不已，再也不嚷着看电视了。芳芳仔细想了一下，通过奶奶的提醒，她成功地将刚才看到的内容简单地重复了一遍。

次日，奶奶就带着芳芳来到了动物园，芳芳看到了真正的老虎，对其生活习性也了解更多了。

第二个案例中的奶奶陪着孩子一起看电视，并且进行一些适当讲解，这样可以让孩子更好地理解电视节目的内容。在看完之后，还让孩子重复一遍，不仅可以使孩子的口头表达能力得到锻炼，而且能培养孩子的逻辑思维能力。最后奶奶还带孩子实地观察，孩子的知识面得到了更直观的拓展。

【对祖辈们说的话】

大多数祖辈都知道孩子过早过度地看电视会对视力造成严重的影响，其弊远大于利。但是，他们还忽略了一点，就是只有让孩子科学、正确地看电视，才能起到更多正面的效果。

引导孩子科学、正确地看电视

祖辈们应该清楚看电视的禁忌，知道用孩子可以接受的方式引导他正确、健康地看电视，对孩子看电视的时间进行有效的控制，从而使孩子的健康得到保证。

让孩子看合适的、有意义的节目

为了让孩子科学、合理地看电视，祖辈们必须从内容上去监督。所以，祖辈们一定要为孩子选择合适的电视节目,坚决只让孩子看健康、向上的内容。

陪孩子一起看电视,助其学到更多的知识

为了让孩子获得更大的好处,祖辈们应该多陪孩子一起看电视。祖孙在一起看电视的时候,祖辈们可以把电视节目内容讲解给孩子听,这样有助于孩子学到更多的知识。有些电视节目能够将一些不错的话题引出来,祖辈们也可以与孩子一起进行讨论,这样不仅可以使孩子的判断能力得到提高,还能促进祖孙之间的情感交流。

专家提示:

一般来说,绝大多数的孩子都喜欢看动画片,而广告片也可以吸引孩子的注意力。祖辈们应该多让孩子看一些内容健康向上的动画片以及公益类广告,这样不仅能够使孩子的语言表达能力得到训练,还有着一定的教育意义。

孩子喜欢耍赖怎么办

很多孩子都喜欢在大庭广众之下耍赖哭闹,在这个时候,祖辈们往往会头痛不已。面对这种情况,需要祖辈们有很大的耐心才可以。如果祖辈们怎么哄,孩子都不听话,不加以配合,仍旧大哭大闹不止。那么在这个时候,祖辈们又应该怎么办呢?

在绝大多数的祖辈眼中,一个好孩子应该有的表现,无疑就是“听话、守规矩”。倘若孩子是一副“小乖乖”的模样,那么祖辈们也会为此感到放心和骄傲。然而事与愿违,很多祖辈即便在教养上已经做了很多功夫,可还是发现自己的宝宝依然爱耍赖,不听话,反复地重申很多规矩,最后孩子还是使出了哭闹的撒手锏,让大人不知如何是好。

琦琦已经 15 个月大了,前段时间,她就曾耍过一次赖。那天外婆带她到餐厅用餐,琦琦突然莫名其妙地烦躁了起来,紧跟着便扔起了身旁的东西,大哭大闹。外婆立即将琦琦抱离了餐厅,但琦琦仍旧在耍赖哭闹,外婆怎么向她说理也没用。

外婆暂时走到离琦琦一定距离的地方，让其尽情地发泄。当时，外婆感到挺没面子的，然而为了孩子的将来，她只能忍下去。过了一会儿，琦琦的哭声小了下来。外婆走过去，发现琦琦已经变成了一只小花猫，全身的衣服都被泪水弄脏了，脸上则是一把鼻涕一把泪。外婆搂住琦琦加以安慰，这个时候就比刚才有效多了。

后来外婆仔细想了一下，倘若为了一时的面子，任孩子娇纵下去，那以后或许会发生更让自己觉得丢面子的事。毕竟，现在的孩子都太“聪明”了。

事实上，孩子的耍赖并非那么棘手，也绝不是无法抵抗的。孩子耍赖，并没有我们想象中的那么难对付。作为祖辈，只要在看待事情的时候，多从孩子的角度出发，多多体会和理解一下孩子的内心世界，并在日常生活中把规矩建立起来，以身作则，那么就可以把孩子以耍赖来达到目的的坏习惯改变过来。

【对祖辈们说的话】

一般来说，抵抗孩子耍赖的方法可以分为两个方面：一是“治标”，二是“治本”，两方面加起来共有8个步骤。其中，“治标”的方法主要在孩子当场耍赖的时候使用，而“治本”的方法则能够帮助祖辈慢慢杜绝孩子的耍赖行为。

晓之以理

一旦孩子耍赖，祖辈们应该立即严正对孩子说：“我对你这样的表现很不喜欢，这件东西，我绝对不会买给你。”这样就可以让孩子明白，大人不会一味地顺从自己的要求。如果孩子哭闹耍赖得愈加厉害，这个时候祖辈们不要大发脾气，而应以坚定的口气，把理由说清楚就可以了。

拒绝要挟

不管孩子怎样哭闹，祖辈们对自己的原则一定要坚持下去，切不可妥协。倘若孩子哭闹得更加厉害，那么下一步的行动，或是留在现场，或是马上离开，祖辈们可以让孩子自己去选择。倘若要继续从事某些活动，比如逛街等，那么就必须要求孩子停止哭闹，不然的话，马上带他离开现场。

动之以情

一旦孩子停止哭闹,祖辈们应该及时与孩子进行沟通,如好好地对孩子说:“你现在乖乖的样子,爷爷奶奶都喜欢。”一定要让孩子清楚,下次遇到这种情况,以哭闹的手段是达不到目的,而是应该用好好说话的方式跟家长提要求。

正向激励

通过各种各样的方法,使孩子的需求得到满足,并促使孩子有更加好的表现。祖辈们可以为孩子备置一个小册子,一旦他有良好表现时,就用盖章或画红花的方式加以记录,从而鼓励孩子上进。当红花累积到一定数量,就可以适当给予奖励,如给孩子买一样他喜欢的东西等。时刻将焦点对准孩子好的行为,这样可以将孩子更好的行为表现激励出来。

让孩子生活有规矩

孩子之所以耍赖,一般都是由于事情不合他的心意,所以祖辈们在日常生活中就应该坚持规矩,把生活常规建立起来,并经常与孩子共同沟通讨论,让孩子真正明白道理,从而产生遵守的意愿。制定好的规矩务必要坚决施行,切不可随意更改,以防孩子出现混淆。

教孩子正确表达

作为祖辈,还应该教会孩子怎样正确地表达自己的需要。倘若孩子不开口的话,祖辈们可以暂时不出手相帮。一旦孩子开口要求祖辈协助,那么在这个时候,为了让孩子有自我思考的空间,祖辈们可以采取提示说明的方式加以协助。

少说“不可以”

祖辈们不可反复对孩子说“不可以”。对于孩子来说,固然要知道什么是“不可以”的,但是也应该让他们知道什么是“可以”的。不然的话,孩子就无法感觉到自己在成长,而只会感到祖辈总是对自己一味地拒绝与否定,长此以往,则会逐渐降低对祖辈的信任,把行为“化明为暗”,只要祖辈不在,他就会偷偷做那些被禁止的事情。

祖辈以身作则

孩子的行为通常都是模仿而来的,所以一旦孩子耍赖,那么在这个时候,祖辈们也得反思一下自己是不是存在着这样的行为。把生活常规建立起来之后,祖辈们是不是第一个不遵守规矩的人。比如说,要求孩子每天早上起床叠被子,可是自己床上的被子却卷成一团;要求孩子早睡早起,而自己往往凌晨了还不睡觉。为了更具说服力、约束力,祖辈们一定要以身作则。

专家提示:

孩子出现耍赖的行为,一般不外乎5个原因:向家长争取控制权、引起家长关心和注意、测试家长的底线、曾经获得错误的鼓励、表达能力不足。了解孩子耍赖的主要原因之后,祖辈们就可以有针对性地加以应对了。

纠正孩子吸吮手指的坏毛病

祖辈们应该都看到过这样的情景,孩子经常把自己的手指放到嘴里面吸吮,特别是1岁以内的小孩子,倘若将他的指头拽出来,不一会儿他又会放进嘴里,如果你硬拽,孩子甚至还会大哭大闹。面对这种场景,祖辈们往往很担心,生怕孩子养成不讲卫生的坏习惯。

对于孩子来说,了解外界主要是通过嘴来实现的,他认为外界的东西也包括手,所以总喜欢把手放进嘴里吮吸,以此来感知外界。而且孩子吮吸手指的时候往往会比较安静,这说明吮吸手指可以促进孩子的心理发育。

刚开始的时候,孩子之所以会吸吮手指,主要是为了满足自己吸吮的要求,通常在一段时间之后,这种现象会自然消失,对于这个问题没有必要过分看重。祖辈们可以从满足孩子吸吮的需求上,把这个问题解决掉。比如说,尽可能地让孩子吃母奶,满足孩子吸吮的本能。

张书婷已经6岁了,脸圆圆的,头上梳着两个羊角辫,显得十分可爱,然而,她却沾染上了一个不好的习惯——吮吸手指。无论是在睡觉的时候,还是在学习、游戏、吃饭的时候,她都忍不住会将手指置于嘴中不停地吸。慢慢地,张书婷的手指被吮吸得发白了、脱皮了,由于大拇指的外侧长期频繁地被吮吸,甚至还出现了一个大疙瘩,红红的、硬硬的。

张书婷的奶奶早就发现了这个情况，过去也曾采取过一些简单的措施，如多次尝试将辣椒水、红药水等涂抹在指上，然而总是没取得什么成效。有一次，张书婷闲着没事，又把自己的手指放在嘴中，她爸爸实在看不过去了，便把她打了一顿。这件事情之后，张书婷吮手指的行为有所收敛，然而在没人注意的时候，仍旧会偷偷摸摸干。奶奶看见张书婷的手指被口水浸泡得皮都破了，又无计可施，十分心痛和无奈。

对于孩子来说，口唇是其性本能得以满足的快感区（中心区），也就是说吃奶的时候，孩子会通过吸吮乳头获得快感，不吃奶的时候，吮吸手指则成了满足快感的一个方法。

如果有过早断奶或常常更换照料者，最熟悉、亲近的妈妈经常离开孩子等不利于建立正常的亲子关系的情况发生，就难以纠正吮吸手指这类没有安全感的行为方式。这种情况，常常会持续很长一段时间，到成年的时候，则会演变为咬指甲。

【对祖辈们说的话】

对于孩子吸吮手指的行为，祖辈们应该给予宽容和理解。既然孩子只是偶然地把手指放到嘴里吮吸，对孩子来说是正常的事，而且没有坏处，那么祖辈们就不需要太紧张，也没有必要将孩子的这种行为完全取缔。要及时调节和注意观察，别让孩子变得过于依赖吮吸手指。

及时制止孩子吮吸手指

如果孩子吮吸手指，祖辈们不要过于紧张地一直注视着他，一旦孩子把手指放进嘴中，祖辈们就应该将其拿出来。同时，不要在孩子的小手指上涂些辣味、苦味的东西来防范，或者给孩子戴上手套等，这些方法不仅仅会耗费祖辈们的精力，而且会让孩子受罪，基本上起不到作用，孩子只要有了吸吮手指的机会，就会把手放到嘴里津津有味地吸。

采取措施缓和紧张心理

吮吸手指是孩子一种自我保护的表现，祖辈们应该采取一些措施缓和孩子的这种心理紧张，认真想一想，看孩子是不是没有感兴趣的玩具？是不是自己没有多抱抱孩子，和他多说说话？是不是孩子自己一个人长时间待在童车里？给孩子创造一个愉快、温馨的生活环境，多带孩子到自然界走走，让他接触更多的刺激，让他把更多的精力放在探索外界的事情上。避免采取粗暴、简单、强制的手段。这样，孩子吮吸手指的习惯就会得到改正。

弱化孩子吮吸手指的行为

倘若孩子过了1岁之后，还常常吮吸自己的手指，祖辈则应该对他这种吸吮手指的行为采取弱化措施。比如可以将一个小玩具放在孩子手里，最好是那种柔软又不带声响的，这样就不会在孩子睡着后硌着他，也不会使孩子在睡觉之前过于兴奋。

分散孩子的注意力

在孩子睡觉的时候，祖辈们可以将他的小手握住，反复给他哼唱一曲简单的儿歌、歌谣，或讲一个小故事，不要担心孩子听不懂，这不仅可以促进亲子间的情感交流，使他充满安全感，还有利于促进孩子语言能力的发展。

让孩子的小手保持忙的状态

倘若无法确保每天有很多的时间陪伴孩子，那么最起码要保证在家的时候和孩子共同活动，比如多亲吻他、抱抱他，满足孩子对安全感、情感交流和身体接触的需要。尽可能让孩子的小手保持忙的状态，增加祖孙间的交流互动，这样就能够逐渐使吸吮手指的不良习惯得到矫正。

专家提示：

对于孩子吮吸手指的行为，祖辈们不需要焦虑烦恼，也没有必要强行制止。倘若孩子的这种行为过于频繁，那么就应该常常对孩子的小手进行摆动、抚摩，这样可以转移他吮吸小手的注意力；还可以把玩具放到孩子的手中，逗引他摆弄、摇动玩具，而没空闲吮吸手指。

让孩子养成讲卫生的好习惯

为了让孩子养成讲卫生的好习惯，祖辈们千万不要用生硬的口气指责孩子，说这里怎样不整齐，说那里怎样不好。祖辈们可以通过商量的语气，如“宝宝的东西收拾好了吗？来，爷爷奶奶检查一下”。这样可以使孩子没有抵触情绪,久而久之,孩子自然就会养成讲卫生的好习惯。

通常而言,4 岁之前的孩子一般都没有自觉整理收拾东西的习惯。之所以会如此,主要是因为这时孩子的脑子中还没有形成“秩序”的观念。对于成年人而言,井井有条的环境可以为生活带来舒适。然而对于 4 岁左右的孩子来说,环境越是乱糟糟,他们反而会越高兴。

因此,对于 4 岁之前的孩子,祖辈们倘若不注意教育的方式和方法,为了让孩子懂秩序、会“管理”,只是一味地采取强制性的手段,不但对事情没有助益,还会使儿童的天性被扭曲。根据心理学家的观点,这样做,只会让儿童出现一种“强迫性神经质”,不是变得少年老成,就是使儿童的天真活泼丧失掉,变成一个犟头倔脑的孩子,对所有的“指令”都产生抵触情绪。

因为爸爸妈妈的工作十分繁忙,3 岁的菲菲平时都由爷爷奶奶照顾着。长期以来,菲菲养成了一个坏习惯——无论是在饭前还是便后,她都不洗手。

有一次,菲菲在外面和小伙伴玩小皮球,奶奶在家里为她做了一碗香喷喷的鸡蛋羹。奶奶做的鸡蛋羹,菲菲最喜欢吃了。她高兴地从外面跑回了家,一把拿起小勺子,迫不及待就要吃。奶奶连忙阻止菲菲,说道:“小宝贝,你的手还没有洗!这样吃很脏,会生病的!”菲菲把自己黑乎乎的手举了起来,看了看,还是不乐意去洗,于是说道:“我不想洗手,先吃了再说。”奶奶紧接着说道:“不洗手绝对不行,把脏东西吃下去生病了,谁来负责?过来,奶奶帮你洗手去。”说着,奶奶就拉着菲菲到卫生间洗手去了。

但是,菲菲急着想吃鸡蛋羹,就哭闹起来……这个时候,爷爷从外面散步回来了,然而他不仅不帮助奶奶要求菲菲去洗手,还批评了奶奶一顿:“你看,孩子又被你惹哭了。”之后,爷爷便开始哄菲菲,轻轻地说道:“小宝贝,不要哭。不干不净,吃了没病。我们不洗手。过来,爷爷喂你美味可口的鸡蛋羹。”

根据有关资料显示,目前,我国城市儿童有良好洗手习惯的只占 30%,经济不发达的地区,比例更低。民间有一句俗话:“菌从手来,病从口入。”某些祖辈总是不注意孩子的个人卫生,不洗手,不刷牙,这样往往会大大增加孩子染病的概率。

【对祖辈们说的话】

一般来说，对于祖辈的要求，孩子可能刚开始几天还会遵守，可是时间长了，往往会坚持不下来。所以，祖辈们一定要时刻督促孩子，无论是在饭前还是便后，以及外出回家时，都要提醒孩子洗手。祖辈们自己也要以身作则，坚持洗手，为孩子树立良好的榜样。

此外，祖辈们还应要求孩子早晚刷牙，同时教给他们正确的刷牙方法。正确的刷牙方法往往关系着孩子牙齿与口腔的健康，因此祖辈们切不可忽视。

讲道理，让孩子明白洗手的好处

绝大多数年幼的孩子一般都没有主动洗手的意识和习惯，而对于年龄稍大的孩子来说，则往往会认为，手没有变黑就代表不脏，根本就没有必要洗手，或者不需要仔细洗手。对于这种情况，祖辈们一定要耐心地为孩子讲道理，并告诉孩子经常洗手的好处。孩子一旦明白了为什么要洗手，那么他就会愉快地去洗手了。

教给孩子正确的洗手方法

虽然某些孩子已经懂得了经常洗手的重要性，然而对于正确的洗手方式，他却没有掌握。洗手对于他来说，就像“走过场”一样，急急地冲洗两下就算完事了。这样做，洗手的意义便完全没有了。所以，祖辈们还应该教会孩子正确的洗手方法。

讲故事，让孩子知道不洗手的危害

绝大多数的孩子都喜欢听故事，对于孩子的这一心理特点，祖辈们可以充分利用，经常向孩子讲一些由于不洗手而生病的故事，从而让孩子明白不洗的危害性。倘若有条件的话，祖辈们还可以把孩子的手放在显微镜下面，让他看到自己的手上有很多的细菌；或者是让孩子到网上看一下相关的图片，这些都有助于让孩子更加直观地了解不洗手的危害性。

告诉孩子刷牙的重要性

作为祖辈，一定要有意识地让孩子关注自己的牙齿，让孩子明白刷牙的重要性,并教他学会保护自己的牙齿。比如说,祖辈们可以把孩子带到镜子前,让他观察一下自己的牙齿,数一数长出了几颗牙齿,还可以让孩子张大嘴,再和他比一下看谁的牙齿又白又亮。

为孩子选择他喜欢的牙刷和牙膏

孩子的口腔和牙齿比较小,牙龈也比较柔嫩,极易受到损伤。因此,祖辈们最好是购买专门为儿童特制的牙刷和牙膏。祖辈们还可以选择带有卡通图案的牙刷和外包装活泼的牙膏,这样可以引发孩子对于刷牙的兴趣。一般来说,一把牙刷的使用期限通常为 3 个月,因此祖辈们一定要注意及时为孩子更换。

教给孩子正确的刷牙方法

作为祖辈,有必要教会孩子正确的刷牙方法,一定要让孩子在刷牙的时候认真仔细,保证里面的牙全部都要刷到。此外,祖辈们还要注意端正孩子刷牙的态度,杜绝孩子随便应付的行为,不然的话,就无法达到清洁牙齿的目的了。

专家提示:

有关专家指出,预防传染病,相比于疫苗防治,养成良好的洗手习惯往往更重要,在日常生活中,经常洗手,经常刷牙,可以预防多种传染病,如流感、腹泻、肺炎、手足口病、腮腺炎等,是防控疾病最简便、最有效的方法之一。

按时作息,好孩子就这样

孩子睡得太晚,往往会阻碍生长激素的分泌,从而对孩子的身高发育产生不良影响。对于孩子来说,不光得保证早睡,而且每天最好有 10 ~12 小时的睡眠时间。祖辈们应该从小就培养孩子健康的睡眠习惯。

一般来说,虽然在生理上孩子需要睡觉,可是在心理上,他更喜欢与成人待在一起,因此才会下意识地不想睡觉。

贝贝的睡觉问题一直以来都是爸爸妈妈的一大心病。平时,贝贝总是喜欢和爷爷奶奶待在一起，每天晚上，奶奶看电视都会看到很晚，因此，当爸爸妈妈哄贝贝睡觉时，贝贝就会立即跑到奶奶身边去。奶奶抱着贝贝，一边哄贝贝睡觉，一边看电视。然而贝贝通常都不会睡，基本上每天都会熬到12点。等奶奶看完电视之后，她才会安心睡觉。倘若不给贝贝看电视，她就会哭闹不止，只有遂她意愿才肯罢休。由于每天都熬夜看电视，所以贝贝在早上都会赖床，在去幼儿园上学的途中，也是迷迷糊糊的。老师告诉贝贝妈妈，说贝贝上课时经常睡觉。贝贝的爸爸妈妈为了这个问题，很是愁闷。

之后，贝贝妈妈终于想出了一个计策，即每天晚上一到睡觉时间，贝贝妈妈就会对婆婆说："妈，贝贝累了一天，你也累了吧？还是早点睡觉吧！医生说，如果太晚时间睡觉的话，精力很难恢复过来的。还是早点睡觉吧！这样才可以延年益寿。"或者说："妈，贝贝晚上真是很缠人，不过明天早上她还要去幼儿园上学呢，如果白天打瞌睡的话，会受到老师的批评，以后就把贝贝交给我吧，让我催促她早点睡觉，这样你也不会累坏了！"看到媳妇这么心疼孩子，关心自己，奶奶想一想，觉得小贝贝的确是该睡觉了，于是比平时提前关掉了电视，随后就睡觉去了。此后，贝贝晚睡的习惯再也没有了，一家人过得更和谐了。

对于这个问题，祖辈们一定要加以重视。为了让孩子自觉地到时间就上床休息，自己也有必要养成早睡早起的好习惯，这样祖孙两辈都可以保证良好的睡眠质量了。

【对祖辈们说的话】

在午睡或一天结束之前，祖辈们可以和孩子谈话、背诵儿歌或讲故事，这样一来，睡前时光就会成为祖孙之间进行亲密情感交流的良好时机，对于孩子来说，也会成为急切盼望着到来的时刻，这样取得的效果往往更佳。

给孩子独立的房间

为了让孩子养成早睡早起的好习惯，祖辈们首先要给孩子一个独立的房间。很多孩子都喜欢和祖辈们一起睡觉，即便时间很晚了也不想休息。面对这种情况，祖辈们有必要装饰一个漂亮的小房间，把孩子的一些照片与卡通图片贴在墙上；对小床重新设计，一定要让孩子充分喜欢；在床边，摆上孩子平时喜欢的玩具，这样，整个小屋就会变得温馨别致、充满童趣。

突然之间，就让孩子独自睡小床，甚至自己一个人睡在一个小房间中，这确实让孩子无法适应。因此，祖辈们一定要循序渐进，比如说，在孩子入睡之前，将他在床上平放着，然后在床边陪伴一会儿。此外，睡眠环境的安静与舒适也要多加注意，保证孩子自然入睡。过渡期间，多陪孩子说说话，讲一些故事，等孩子睡着之后，再悄悄离去。次日早上孩子起床后，应该夸奖他很勇敢与独立，这样一来，孩子就会变得更加自信，从而将与祖辈们一起睡的习惯彻底摆脱。

夸奖孩子

对于孩子睡前应该做的事，祖辈们可以把一定的顺序安排出来，例如刷牙、洗澡、换衣服等，让孩子知道每一步应该做什么。一旦孩子醒来，那么在这个时候，祖辈们则可以告诉孩子，按时行事可以带来很多的好处，比如可以对孩子这样说："昨天晚上睡觉很及时，今天早上我特意为你做了你爱吃的……"或"由于你昨天晚上表现得很乖，所以现在我打算给你讲一个好听的故事。"这一类简单的夸奖，可以让孩子产生成就感，从而更好地按时作息。

坚决不让孩子熬夜

一到晚上，很多孩子往往喜欢和大人一起看电视，或者缠着大人讲故事，一折腾下去往往没完没了，大人都已经困了，孩子仍旧会兴致盎然。为了避免这种情况，祖辈们应该先与孩子讲好条件，如每天晚上只说两个故事，说完之后立即睡觉等，这样可以培养孩子的时间意识，使其早睡观念得到强化。一旦到了睡觉时间，祖辈们一定要明确地通知孩子，提醒孩子睡觉时间到了，从而让孩子做好睡眠的思想准备。

不威胁和打骂孩子

如果威胁与打骂孩子，强迫其入睡，往往会让他产生恐惧感，甚至做噩梦，反而不利于睡眠质量，因此祖辈们在哄孩子入睡的时候，最好是晓之以理，动之以情，或者是提前制定出规则，要求孩子严格执行，这样，孩子才会老老实实地躺到床上去休息。

睡前不做剧烈运动

在晚上，孩子如果做过剧烈运动，那么会因极度兴奋而导致无法入睡。在晚上的时候，祖辈们不可纵容孩子随意玩耍，最好是让孩子做一些比较安静的事情，如听音乐、看书、写毛笔字、画画儿等。一旦孩子疲倦了，自然而然就会入睡。

睡前举行一些小仪式

一旦孩子疲劳想睡，那么在这个时候，祖辈们可以让他和熟悉的、能让他产生安全感的东西一起上床，比如说，喜欢的布娃娃、汽车等。在孩子临睡之前，祖辈们还可以给他举行一些小仪式，如想一遍明天要干的事、喝一杯牛奶、开小夜灯、听歌等，这样一来，孩子就会闭上眼睛睡觉，并认为这是一件很庄重的事。

专家提示：

随着年龄的不断增长，孩子的睡眠应该越来越少，祖辈们也应该根据孩子年龄的改变，而对他的就寝时间或午睡时间的长短进行适当的调整。还有一点必须注意，孩子的睡眠往往是因人而异的，因此祖辈们一定要认真观察，有针对性地进行调整。

培养孩子勤俭节约的好习惯

从爷爷奶奶拿钱给孩子买一些好吃的、好玩的时候开始，钱的好处就在孩子的脑子里有了深深的印象。“勤俭节约”是一个永恒的主题，由于孩子的年纪还小，理解能力还比较差，因此很难对他们进行节约方面的教育。那怎样才能够让孩子养成勤俭节约的良好习惯呢？

在孩子三岁的时候，一般都会要求祖辈们买冰棍、糖果、玩具，他对于“钱”已经有了一定的认识，“金钱观”“理财观”的教育也就由此产生了。

现在，随着人们物质生活水平的日益提高，加之绝大多数老年人都有对孩子有求必应的现象，因此有很多孩子都养成了铺张浪费的坏习惯。为了防止孩子和其他孩子盲目攀比，帮助孩子树立正确的消费观和价值观，祖辈们有必要从小就培养孩子勤俭节约的良好习惯。

丁丁已经3岁半了，爷爷非常宠爱他，时常会为他买一些好吃的东西，只要孩子张口，爷爷就会满足。

某一天上午，丁丁对爷爷说，他想吃火腿肠与饼干，爷爷就马上跑到楼下的超市，给他买了很多火腿肠与饼干回来。丁丁看到这些食品非常高兴，便吃了起来。没过一会儿，丁丁的小肚子就装不下去了，可是他手里还有半根火腿肠，实在吃不下去了，丁丁就随手将其扔到垃圾桶去了，接着便玩起了玩具。爷爷发现被扔掉的火腿肠，便对丁丁说："小宝贝呵！你看一下来，这根火腿肠还剩一大截哩！就这样把它扔掉了，是不是有点可惜了？"但是，丁丁像没听见一样，继续低着头玩自己的小汽车。

中午时分，爷爷亲自下厨做了一道美味的鸡肉饭，家里顿时飘满了香味，丁丁闻到了之后，馋得口水都出来了。开饭时间到了，爷爷将鸡肉盛到了碗里，丁丁便对爷爷说："我要吃一大碗，我要多吃一点。"爷爷便对丁丁说："刚才你已经吃了很多的火腿肠和饼干，现在肯定吃不了很多鸡肉了，我还是给你盛一小碗吧！"丁丁不同意，坚决要求用大碗，爷爷没有办法，只好用了大碗。刚开始只盛了半碗，丁丁觉得太少了，于是又吵闹着爷爷为他添了几块鸡肉。丁丁大口地吃起了鸡肉来，可是没有吃几块，就再也吃不下去了。于是，丁丁啃了几口，就把鸡肉扔了。最后，爷爷只好将丁丁剩下来的鸡肉吃掉。

祖辈们一定要为孩子做好榜样，因为孩子只有经过勤俭节约的家庭环境熏陶，才能培养出勤俭节约的好习惯。此外，祖辈们还要利用各种机会，向孩子讲述古今中外勤俭节约的名人故事，以便让孩子受到感染和启发。

【对祖辈们说的话】

作为祖辈，必须要让孩子知道勤俭节约的真正意义，让孩子懂得节约一分钱、一粒米、一滴水、一度电的重要性。此外，祖辈们还应该从小事着手，严格要求孩子，让孩子从幼儿时期就爱惜食品、衣服、玩具、图书等日常用品。

让孩子懂得节约粮食

现在的很多孩子，都只知道有钱就可以买到任何想买的东西，但是他们往往不知道，食物到底是从哪里而来的。这种观念，极易使孩子养成不爱惜食物、不懂得节约粮食的坏习惯。所以，祖辈们一定要让孩子知道食物是来之不易的，从而让孩子慢慢改掉随意浪费的坏习惯。

让孩子懂得节约资源

废旧物品的再次利用，即是节约资源、保护环境的具体表现。所以，祖辈们一定要让孩子认识到废旧物品是可以利用的，让孩子体验到变废为宝的乐趣，让孩子养成不乱扔废物的好习惯。

让孩子学会节约用水

孩子因为缺少对水电资源的认识，所以往往会存在浪费水电的行为。所以，祖辈们一定要让孩子意识到，水电都是十分宝贵的资源，在人们的生产生活中，发挥着无法替代的作用。同时，祖辈们还应帮助孩子学会节约水电的具体方法。

教育孩子用钱进行合理的消费

孩子慢慢地长大了，口袋里总是少不了装一些零用钱。某些祖辈并不赞成让孩子去接触钱，孩子要吃的要玩的，祖辈们全部都给准备好了，认为这样做可以让孩子在思想上不被钱影响，防止孩子养成胡乱花钱的坏习惯。事实上，这样做反而更容易让孩子没有正确的消费观念，等以后手头有钱了，很容易产生盲目消费的现象。因此，祖辈们不妨大大方方教给孩子如何去合理地花钱。

祖辈们可以经常带着孩子一起去超市、菜场、商场里面，把要买的东西列出一张单子，并将预算费用让孩子自己去管理，让他们进行自主的挑选，并承诺将节余的钱给孩子作为一种奖励。这个时候孩子在购物时肯定会特别的积极，会知道怎样才可以货比三家，以最少的钱买到所要用到的东西。让孩子学会如何去合理地消费，不断地锻炼、激励他们，让他们明白节制，从长远看也是对他们的理财能力和习惯进行培养，而一个良好的理财习惯能够让孩子受益终身。

专家提示：

祖辈们可以定期（半个月或一个月）支付给孩子一些零用钱，不要一看到孩子口袋里没钱了就给他。这样给孩子定时定额地发放零用钱，有利于让他们能够主动去学习怎样有选择性地去买自己真正所需要的物品，逐渐知道量入为出，并对支出进行合理的安排。当然，祖辈们还要教给孩子怎样去制订简单的开销计划。

第五章

品格教育从小开始

不少祖辈认为孩子小时候娇惯一些没有什么大不了的，等小孩长大成人之后，自然会知道该做什么事情，不该做什么事情，殊不知这样做已悄然毁了孩子的一生。如果孩子的品行不好，那么在社会上，他将连立足的空间都没有。把孩子宠爱得任性霸道，这是错误的，在任何时代，礼貌与家教都不可废。

文明礼貌从小教起

自古以来，我国就是一个非常讲礼仪的国家，礼仪作为中华民族的传统美德，一直被人们所推崇。好的礼仪，可以将一个人的文化素质充分体现出来，它代表的是这个人的整体素质。祖辈们应该从小就培养孩子的礼仪，对于孩子的未来而言，这一点非常重要。

《三字经》开宗明义地说：“人之初，性本善。性相近，习相远。”现在的孩子在各方面的发育都提前了，很早都能分清你、我，会鹦鹉学舌，会模仿大人的行为，懂得别人态度的好坏。因此，必须尽早开始对他们进行礼貌训练。倘若不重视的话，孩子以后可能就会缺少文明礼貌的好习惯。

小英与妈妈去参加一个老同学的聚会。用餐的时候，大人们你一句我一句尽情地聊着，小英伸着筷子，一个劲儿地挑着吃最好的菜，一副无所顾忌的样子。有一个人注意到了，于是当场开了一个玩笑，说小英这孩子真精啊！妈妈听到这句话，一时间感到无地自容。

小英在家里吃饭的时候也是一样，奶奶一旦做了好菜，就会先让小英吃。比如说三鲜虾仁这道菜，小英就只吃虾仁，奶奶还帮着小英挑，直到将盘子中的虾仁挑完，留下一大堆的黄瓜片，小英才罢手。由于习惯了，小英在外边一时很难改过来。

现在，很多的父母及爷爷奶奶、外公外婆都已经意识到了要让孩子讲文明的问题，究竟如何做，才可以将一个懂礼貌的孩子培养出来呢？

【对祖辈们说的话】

每个人都想获得别人的称赞，但又懒于称赞别人，特别是对于我们中国人来说，自己内心的感激和喜悦都不善于表达出来。调研结果显示，经常被别人称赞的人，更愿意去赞美别人，而更乐意赞美别人的人也可以拥有更高的幸福指数与更好的人际关系。

教给孩子学会礼貌用语

在日常生活中，祖辈们应该教会孩子学习一些简单的礼貌用语，这样他才会变得彬彬有礼，受人欢迎。见到熟悉的人的时候，一定要教孩子主动问候，可以让他说："您好！""早上好！"如果接受了别人的帮助或者礼物的时候，也要教孩子及时地表示感谢，且最好补充一句："我非常喜欢这个礼物！"做错事情，或者是对别人造成了影响的时候，一定要教孩子道歉，说一声"对不起！"如果在做某些事的时候，想获得别人的帮助，要恭敬地说："请……"如果有客人来家里做客，一定要教孩子热情待客，可以说："欢迎。"熟人离开时，教孩子说："再见！"

教孩子乐于助人的礼仪

通常而言，孩子会更多注意长辈的行为，而观察其他人的行为则相对少一点。比如说，当路人向祖辈们问路的时候，祖辈们是不是会耐心地指路；在乘坐电梯的时候，是不是会按住开门键等候别人。祖辈们的行为，孩子一般都会加以模仿。

平时祖辈们要积极鼓励孩子帮助别人，在帮助的过程中，孩子会慢慢地感受到帮助别人的乐趣。当然，必须要让孩子知道，在帮助别人的时候，一定要把握好度，防止过度的热心，这样可能会对他人产生不必要的困扰。

与人约会要准时

准时是一项基本礼仪，主要是靠祖辈们对孩子言传身教进行影响。倘若祖辈们常常在约会的时候迟到，容易让孩子形成错误的观念，认为"别人的时间不重要，用不着为别人着想"，为他人着想是不值得的。纵然理由十分充分，但是迟到就是对等候人的不尊重。

倘若祖辈们一向信守承诺，保证准时，对与他人的约定十分重视，那么在潜移默化之中，就会对孩子产生影响，使孩子形成"言必信，行必果"的理念。让孩子从小就在这样的氛围中成长，那么他就会养成守信、准时、负责等的良好品质。

教孩子学会尊敬老师

孩子在学校的时候，一定要让他学会尊敬老师。事实上，尊敬老师不能只嘴上说说，而是要付诸实际行动的。如果早上遇到老师，那么在这个时候，孩子就必须主动打招呼说："老师好！"如果在楼道上遇见老师，那么孩子则应该让老师先走，切不可与老师拥挤抢道。要上课了，老师刚走进教室，孩子们则必须站直,向老师行注目礼,接着再大声喊:“老师好!”如果迟到了,那么就必须先在教室门外喊报告,待老师允许之后,再进教室,如果没有经过允许,便不可推门而进。有疑问提出或回答问题的时候,必须先把右手举起来,等老师允许之后,再站起来发言,切不可边举手边说话。下课铃敲响了,等老师说“下课”之后,再自由活动。

孩子如何面对赞美

在孩子成长的过程中,祖辈们应该捕捉到孩子的闪光点,通过捕捉这些点滴,时常加以赞美,这样会更大程度地让孩子的自信心树立和激发起来。同时,还要教会孩子面对赞美时的礼貌,一定要说一声“谢谢”,这是起码的回馈。此外,最好不要用赞美来回复赞美,更不可直接否定掉别人的赞美,这是非常不礼貌的。

专家提示:

礼仪不仅是处事待人的最基本准则,更是对别人的一种尊重。在日常生活中,方方面面都和礼仪有着密切的关系,因此,祖辈们应该从小就教会孩子礼仪,这决定着孩子以后能否立足于社会。要知道,取得成功的人并非都懂得礼仪,但是不懂得礼仪,就不一定会取得成功。

培养孩子开朗豁达的性格

作为祖辈,都有一个心愿,就是希望孩子拥有一个开朗的性格。某些爷爷奶奶、外公外婆总认为,孩子的性格,一生下来就已经注定了,事实上并非如此。对于孩子性格的培养来说,幼年时期是非常关键的一个阶段,只要多加注重,就可以让孩子变得开朗乐观。

对于孩子来说,如果他的性格比较开朗豁达的话,那么他的适应能力就会变得很强,对于周围的事情,往往会采取乐观的态度去看待,对他人可以保持热情,也乐意和人交往。

一个开朗豁达的孩子,往往能够保持愉快的情绪和健康的心理,同时还有助于孩子想象力和创造力的发展;开朗豁达的孩子,更容易被同伴和社会接受，从而让孩子的个人生活时刻充满快乐的气氛；开朗豁达的孩子在挫折和烦恼面前，往往能够以积极的姿态去面对，心理承受能力也是相当强的。

三国时，蜀国承相诸葛亮去世之后，蒋琬主持朝政。蒋琬有一个属下叫杨戏，性格比较孤僻，不擅长交际。蒋琬和他说话的时候，杨戏也只是应一声，却不回答。周围有人看不惯了，于是在蒋琬耳边说："杨戏对你这样怠慢，真是不想活了！"但是，蒋琬只是坦然一笑，说道："每个人都有各自的脾气和秉性。如果强迫杨戏当着众人赞扬我，那么这就不是他的本性了；如果让他当场数说我的不是，他也会觉得不给我面子。因此，他只好应一声，便不再言语了。事实上，他的可贵之处，正在于此。"此后，很多史学家便赞扬蒋琬"宰相肚里能撑船"。蒋琬之所以会如此，全在于他有一颗开朗豁达的心。

这个故事充分说明了开朗豁达的重要性。因此，让孩子在生活中养成开朗豁达的性格，用真心对待别人，适当理解别人，这样他的人生才更有意义和水准。

【对祖辈们说的话】

对于一个自卑的孩子来说，很少具备开朗乐观的心情，因此，有自信心是极为重要的，这也从反面证实，拥有自信和开朗性格的形成有着密切的关系。孩子自信心的萌发，通常都表现为以各种方式引起长辈的注意，这个时候，对于孩子发出的信号，祖辈们就该以积极的态度来回应。倘若对孩子不理不睬，那么他的自信心就会被挫败。事实上，从婴儿时期开始，就应该帮助孩子建立自信心。

帮孩子及时摆脱不良的情绪

某些时候，由于一丁点的小事儿，孩子往往会变得非常不高兴，或哭或闹，或者是闷在心里，一整天的情绪都比较低落。在这种情况下，祖辈们就应该及时对孩子进行引导，告诉他在心情不好的时候，可以出去活动活动，把自己的注意力转移一下，调整一下自己的情绪。同时，还要多多鼓励孩子，让他自己去克服困难。比如说，可以让孩子把自己心中的不悦说出来，或者是把自己的委屈用画表现出来。

给孩子营造和谐的家庭气氛

一般来说,家庭融洽的气氛,家庭成员之间的关系在很大程度上都会影响到孩子性格的形成。如果一个家庭中充满了敌意,那么培养出来的孩子通常都不是开朗型的。对于祖辈们的态度,孩子一般都比较敏感。一旦祖辈们开怀大笑,孩子也容易变得非常高兴;一旦祖辈们怒气冲天,孩子也容易吓得心惊肉跳。

作为祖辈,应该努力给孩子创造一个愉快、宽松的成长环境。祖辈们应该保持愉快稳定的情绪,这样一来,在日常生活中就会感染到孩子身上,从而使他的情绪也处在愉悦之中。因此,祖辈们应该尽可能地保持一种常态、稳定的情绪,纵然心情不好时,也应尽可能地表现出乐观的心绪,这样才会对孩子产生潜移默化的良性影响。

引导孩子建立和谐的人际关系

倘若孩子不善于交际,一般都是因为性格内向造成的,祖辈们应该多给孩子制造一些机会,让他和别的小朋友一起玩耍。比如说,经常带孩子去串门,或者邀请孩子的朋友到家中玩耍。一旦孩子在社交场中开始变得合群,祖辈们就应该对他进行及时的鼓励和强化。对于孩子开朗性格的形成是非常有利的。

健康的体魄,是开朗性格的体格基础。祖辈们应该也发现了,如果孩子的身体比较好,那么他的睡眠质量往往也比较好,就能保持比较好的情绪。并且,对于孩子自信心的形成来说,拥有一个强壮的身体是十分有利的。我们可以试想一下,对于一个弱不禁风、身体素质不是很好的人来说,难免会觉得不如别人,这样则不利于形成开朗的性格。

专家提示:

对于孩子的要求,不要有求必应,过分优越的生活,只会让孩子增加贪得无厌的心理,而一旦贪心,则极易产生不快乐的情绪。反之,如果让孩子学会珍惜,满足于普通生活,常怀感恩之心,孩子就会成为一个珍惜亲情、孝顺父母的人。

让孩子远离攀比和嫉妒

孩子会对别人产生嫉妒心理，这种现象是正常的，对于孩子的这种心理，祖辈们应该正确加以引导，防止他形成不良的性格。由于孩子并不会掩饰自己嫉妒心理，因此很容易表现出来，祖辈们应及时进行相应的疏导。

一般来说，大概从1岁半左右开始，孩子就会产生嫉妒的情感，而到2岁的时候，这种情绪则会更明显一些。在这个时候，孩子并不知道“嫉妒”是什么，因为年龄小的缘故，因此无法正确地看待与处理自己的情感。

李先生的儿子阿刚今年上一年级了，刚开学一个星期，阿刚忽然不乐意爷爷在上学放学时接送他了。李先生听说后便询问孩子，这才知道，原来家里的自行车太旧了，孩子嫌它丢了自己的面子。阿刚对爸爸说，学校很多同学的父母都是用小轿车来接送的，自己家的破自行车太丢人了！

爷爷听到之后便说：“你不喜欢，那么我干脆用摩托车去接你上学放学吧？”李先生却不答应，认为老人骑摩托车太危险了。阿刚则说：“摩托车也一样丢人！”接着便对爸爸说：“爸爸，我们买一辆小轿车吧！”李先生听后，十分气愤，准备要打阿刚。爷爷看到这一场景，则当即阻止住了。没过多久，爷爷真的买了一辆车，专门接送孙子上学放学。

对于人生来说，攀比与嫉妒是最大的毒瘤，如果孩子生出这种心理，一旦自己的要求无法得到满足，那么就会产生失落感、挫败感和自卑感。倘若孩子的心理总是被虚荣心影响，那么就有可能出现畸形心理，以至于通过不正当的手段进行发泄，情况严重的话，甚至会导致犯罪行为。

【对祖辈们说的话】

嫉妒心是孩子成长发育中的一种自然现象，但祖辈们不能就此听之任之，而要及时给予疏导，以免使孩子形成不健康的心理。小孩子嫉妒心的表现很外露，祖辈们只要稍微注意一下，就可以及时发现和纠正。

激发孩子的自我意识和自信心

为了克服孩子的嫉妒心理，祖辈们应该将孩子的内省智能激发出来。

一旦发现孩子产生了嫉妒心理，那么就不宜拿其他孩子的长处与自己孩子的短处进行比较。“你看一下，财财从来不把玩具乱扔。”“瑞瑞比你强吧！他可以背很多首唐诗。”这样做，对于克服嫉妒心理是没有帮助的，相反，还会在一定程度上使孩子的自尊心受到伤害，让他生出一种挫折感，对于比较对象，孩子也会产生敌视心理，从而让嫉妒心理更加严重。

倘若祖辈们对孩子温和一些，并让孩子明白，每个人都有自己的长处与短处。这样的话，对于别人和自己，孩子就可以正确对待，慢慢地，他就会摆脱对别人的嫉妒心理。

帮助孩子调节伤害性情感

倘若孩子正在嫉妒一个人，那么首先不可斥责孩子，而是应温柔地让他说出自己的内心感受，祖辈们在这时必须认真地倾听。比如说，孩子看到隔壁的弟弟刚买了一辆漂亮的玩具车，因为自己没有，所以就对那位小弟弟充满了敌意。祖辈们听到孩子将自己内心的感受表达出来之后，必须充分地表示出能够理解孩子的感受，但是，也不能太过了，比如说立即给孩子买一个那样的玩具车。采取这种方式，不仅无法将问题解决，还会增强孩子的攀比欲和贪欲。

经常和孩子做一些竞赛游戏

在日常生活中，祖辈们应该与孩子经常做一些竞赛方面的游戏，通过这些游戏，孩子可以体验到更多的成功与失败，从而使孩子的心理承受能力得到增强。对于还不到3岁的小孩子来说，可以选择比较简单的游戏，并且要保证孩子可以完成。首先，祖辈们可以与孩子一起做，之后再慢慢过渡到让他与别的孩子一起做。在与孩子游戏的过程中，祖辈们还应该和孩子经常讨论一些输赢方面的问题，让孩子慢慢明白，胜败乃兵家常事，赢了，下次可能会输，而输了之后，以后也有赢的机会，输赢并非一成不变。

适当利用孩子的嫉妒情绪

任何事物，均有正反两个方面，嫉妒也是如此。倘若祖辈们有心的话，可以适当利用一下孩子的嫉妒情绪，适当消除孩子的嫉妒心理，从而使其往好的方向发展。比如说，孩子在画画上无法和别人相比，因为嫉妒，他可能会将其他画得好的小朋友的画撕掉。在这种情况下，祖辈们即便是发脾气，也多半不太管用，最好是从另外一方面对孩子进行引导。“小弟弟的长处是画画好，你的长处是拼图好。你看，你把小弟弟的画撕坏了，小弟弟多伤心呵！来，我们一起把画拼好，再粘起来。”通过长辈的悉心引导，孩子就可以充分发挥出自己的优点，帮助小弟弟把撕坏了的画拼好，这样一来，孩子也可以对自己的能力有所肯定。

在这个过程中，孩子不光改正了自己所犯的错误，而且把自己的闪光点体现了出来，这样，孩子就会变得更加自信。通过这种方式，孩子的嫉妒情绪得到了充分的释放，对自己也更有自信了，更加宽容了。一旦孩子对自己有了信心，并且懂得宽容，那么他就不会对其他的孩子产生嫉妒了。

专家提示：

如果任由孩子的嫉妒情绪蔓延而不加以阻止的话，就会严重影响到他的成长与身心健康的发展，最终使孩子变成一个不受他人欢迎的人。因此，倘若孩子的嫉妒心理过于强烈的话，祖辈们一定要加以进行正确的引导，帮助孩子克服或发泄这种情绪，从而往有利的方向发展。

让孩子拥有一颗感恩的心

生活，一边是美好，一边是痛苦，对于生活中的苦难，只有那些懂得感恩的人，才会正确面对，并尽可能地发现生活的美好。因此，从小开始，我们就应该让孩子学会感恩，感谢所有的一切，只有这样，他才会有勇气面对人生的困难与挫折。

在现实生活中，很多大人往往会抱怨如今的孩子不懂得感恩，很难被感动，那么原因到底是什么呢？倘若孩子出现问题，我们首先应该从自己身上找出原因。

祖辈在教育孩子的时候，一般都会说这样的话：“你的父母生你养你，你应该懂得感恩。”但是，孩子会说：“生我养我，这是他们的责任与义务。倘若他们老了，我还得赡养他们，一来一往，大家不就扯平了吗？压根儿就没有感恩的必要。”这样把利益掺杂着讲，孩子自然会觉得无恩可感，而在孩子的世界中,“感谢”一词也会不知不觉消失掉。

强强是小学一年级的学生,生活中比较粗心,所以给老师造成了很多不必要的麻烦。有一次,正在上体育课,因为运动量过大,感到很热,强强就脱下了自己的外套,但是下课时却忘记穿回去了,最后还是老师在操场上发现了他的外套,将其捡了回来。

还有一次,强强在回家的路上,一边走,一边玩,回到家,吃完饭,准备做作业的时候,才发现找不到自己的书包了。没过多久,老师来到了强强的家,满脸汗水地把强强的书包送了回来,但是,当强强拿过自己的书包时,却一句感谢的话也没有说,马上就回到了自己的房间。这时只有强强的奶奶在家,看到这个情形,她感到很不好意思,不仅因为自己的孙子把老师下班的时间耽搁了,更因为强强的不知感恩。

老师快要走的时候,奶奶把强强叫了出来,说道:“老师把你的书包拿了回来,你难道不谢谢老师吗?”在这个时候,强强才小声地说了一句“谢谢”。

如今的孩子大多都是独生子女,祖辈想要给予他们无微不至的照顾,认为毫无保留地付出就是对他们最好的爱。但是,久而久之,孩子就会认为爷爷奶奶、外公外婆的付出和对自己千依百顺是应该的,不但不知道感恩,还会出现稍不如意就大吵大闹的情况。这种极度自私的行为不但让养育者伤心,还会在孩子的性格里埋下飞扬跋扈的种子。

让孩子懂得感恩,可以帮助他形成良好的品格,令其受益终生。感谢可以消除人与人之间的隔阂,温暖彼此的心灵,使人拥有更多的勇气与快乐;感谢可以缓解内心的痛苦,驱散情感上的寂寞,使人品尝到温馨和友情;感谢可以帮助人们获得更多的宽容和善意;感谢可以让生活变得更加幸福与美好。

作为祖辈,有必要培养孩子拥有一颗感恩的心,对每一滴雨露,每一缕阳光,每一份关爱,每一个微笑,都报以浓浓的感激之情;对于那些曾经帮助过孩子的人们,更要让孩子懂得报恩。在感谢中,孩子可以更好地拥抱欢乐,奉献真情;在感谢中,孩子可以更好地拥有幸福,珍爱情感。

【对祖辈们说的话】

唐朝有诗说:“谁言寸草心,报得三春晖。”感恩是做人的基本准则,也是做人的起码修养，每个人都应该满怀感激之情，对于孩子来说，更应该从小就树立起感恩的意识。

为孩子树立一个好榜样

事实上，孩子的学习就是一个模仿的过程，而模仿的对象一般都是自己家中的长辈。所以，倘若我们想让孩子成为一个懂得感谢的人，那么就必须注重言传身教，为孩子树立一个好榜样，无论是在什么情况下，都不要忘记说一声谢谢。

用索爱的方式让孩子学会感恩

祖辈们要明白，自己并非保姆，自己正处在安享晚年的阶段。祖辈们出于对孩子的爱，而站在了照顾孙辈的第一线。祖辈们一定要让孩子清楚，自己为了孩子可以牺牲很多宝贵的时间，让他们懂得感恩，可以要求他们为自己捶捶背、揉揉肩等。

如果孩子主动提出要帮忙做事情，那么在这个时候，祖辈们也不要说“不用”一类的话。在平时教育孩子的时候，就应该极力教导孩子懂得回报与感恩，并对身边的每一个人加以善待。一旦孩子有付出的意识，那么在这个时候，就应该让孩子放手去做，而不是生硬地加以拒绝。

让孩子感谢关心自己的人

为了更好地让孩子懂得感恩，祖辈们还可以从生活中的细节入手。比如说，时常告知孩子，这双鞋子是爸爸买的，要感谢爸爸；这本书是邻居家的姐姐送的，要谢谢姐姐；楼梯这么干净是清洁大妈打扫的，要谢谢大妈；学校有那么多的知识可以学习，全靠老师，要感激老师；等等。一定要让孩子养成时时感谢、处处感恩的习惯。

为孩子制造表达感谢的机会

作为祖辈，还要为孩子制造表达感谢的机会。任何一种习惯都是培养成的，倘若我们常常为孩子制造机会，让他可以充分地表达自己的感激之情，那么他才会懂得回报与感恩。在过节日、过生日的时候，多让孩子说一些祝福的话，鼓励孩子用自己的零用钱购买小礼物来表达谢意与祝福，让他体会到他在愉悦别人的同时自己也感觉到了快乐。总之，我们应该利用一切可以利用的机会，让孩子享受帮助和爱的同时充分表达自己的感激之情。

适量付出，不可有求必应，无求先应

作为祖辈，自己对孩子的付出必须加以控制。倘若总是将孩子的一切都包办下来，那么孩子就会认为这一切都是理所应当的，长此以往，孩子就很难对祖辈们产生感激之情。对于孩子的要求，祖辈们也要三思而后行，看是不是合理，切不可让孩子轻易就得到某样东西。倘若不合理的话，必须坚决拒绝，这样也可以给他一些经受挫折的机会。要让孩子知道，必须通过自己的努力，才能收获成果，这样他才会懂得珍惜，也才会认识到在长辈的爱与保护下成长是幸福的。

专家提示：

懂得感恩是一种美德，我们一定要让孩子拥有一颗感恩的心，感谢父母、感谢老师、感谢朋友与同学、感谢生活中的点点滴滴。感谢具备着神奇的力量，如果孩子学会了感谢，那么以后不管遇到怎样的困难和挫折，他都不会望而却步。

让孩子学会真诚地道歉

现在，绝大多数的独生子女不仅比较叛逆，而且相当霸道，纵然是自己犯了错误，也不会向别人低头，当面承认自己的错误，所以总是容易和别人闹出一些不必要的矛盾，以致影响家庭环境的和谐。

孩子小的时候，一般是非观念都比较弱，也没有很好的自我控制能力，所以即便是犯错误，很多时候也无法及时认识到，以至于他们不知认错，不会道歉，长此以往，则会使孩子变得更加霸道与任性。一般来说，随着孩子逐渐长大，他们的意识与判别能力会有所增强，对于自己的错误也能加以清楚的认识，并且慢慢学会改正自己的错误。

某一天，妞妞拿着一根木棍与小朋友在操场上嬉戏打闹，老师看见了，害怕她会伤及同伴，就将妞妞的木棒夺了过来。妞妞站在那里，显得十分伤心。这时，老师让妞妞去玩别的玩具，妞妞就向一辆自行车走去，老师也没有说什么。

当时，两个小孩正骑着这辆自行车，妞妞走到那边，一伸手就将自行车夺了过来，两个小女孩顿时就摔倒在了地上。老师看到这个情景之后，愤怒地把妞妞叫了过来，并且说："你立即向她们道歉。"妞妞并不清楚是什么情况，十分不甘心地对两个小女孩说了一声"对不起"。

这个时候，老师又补充了一句："在道歉的时候，你一定要真诚一些。"妞妞只说："我已经道歉了。"老师说："你是已经道歉了，但不是真心的。你必须正对着她们，和她们的眼睛相对，再行道歉之礼。"妞妞听了老师的话之后，便又照着做了一次，可老师还是觉得妞妞的道歉不是发自内心的，然后又让妞妞再道歉，妞妞感到非常的疑惑。

妞妞回到家之后，满脸疑惑地对奶奶说："奶奶，真诚的道歉到底是什么样的呢？"奶奶想了一下，于是说道："真诚十分抽象，你只能用一些实际的行动做出来给对方看，这样对方才会懂得。真诚道歉就是首先要让对方感受到自己的歉意，真诚不是一种形式，而是在道歉时自己表情真诚的流露。如果没有歉意，任何形式和语气的道歉都是不真诚的。"

妞妞听到奶奶的释疑之后，恍然大悟，从此以后便敢于面对错误，并学会了真诚地道歉。

在上述案例中，那位老师也是有责任的。在孩子还没有完全理解真诚的情况下，就强迫孩子真诚地向别人道歉，这无疑是不恰当的。所以，作为祖辈，一定要教会孩子道歉是什么，如何道歉才显得真诚，这样，以后犯错误的时候，也可以真诚地对别人道歉，从而求得别人的谅解。

【对祖辈们说的话】

作为祖辈，也许只是想让孩子去认错，去道歉，但是对于孩子真正的想法，却并不怎么清楚。很多孩子压根儿就不明白道歉是什么意思，自然而然不会有道歉的举动。所以，要想让孩子敢于认错，就一定要让他们知道道歉的意义所在。只有如此，孩子才会从骨子里愿意道歉。

对孩子的教育要端正态度

某些祖辈们看到自己的孩子犯了错误，往往会置之不理，他们是这样想的:孩子比较小,犯一点错误是难免的事。如果孩子犯了相当严重的错误,某些祖辈们因为不想让孩子受委屈,甚至会亲自向别人道歉。事实上,长期这样做的话,只会让孩子养成一种更坏的态度,纵然是犯了错误,并且知道这一点,也绝不会道歉,对于孩子以后的成长,是极为不利的。其他小朋友也会疏远这样的孩子,从而让他形成孤单的性格。

学会适度地批评

孩子一旦犯了错误,祖辈们切不可置之不理,务必要使孩子明白自己的错误所在,紧接着再采取一些弥补的措施,并以错误的大小程度,给孩子一些相应的批评,让孩子对自己的错误有个更清醒的认识,让他明白,一旦做错事情,那么就必须承担相应的后果。如果孩子认识到自己的错误,并且能够主动道歉,那么在这个时候,祖辈们应该适当地表扬一下孩子,让他明白,知错能改,这是爷爷奶奶、外公外婆最愿意看到的。

让孩子勇于承担责任

为了让孩子学会真诚地道歉,祖辈有必要将孩子培养成一个敢于承担责任的人。在教育孩子的过程中,祖辈应该将敢于承担责任的思想植入到孩子的脑海中。一旦孩子做错事情,那么在这个时候,祖辈们务必要让孩子知道,正是因为他的错误,才造成了这一后果。犯错误不是一件可怕的事,也并非无法挽救。在这个时候,祖辈有必要将一些办法教给孩子,或者是与孩子共同将这些错误挽救回来。祖辈们切不可一味地指责孩子,这样反而会增强孩子的逆反心理,最后的效果只会变得更差。祖辈们一定要让孩子学会不光在言语上认识到错误,还得使孩子那种以自我为中心的想法彻底摆脱掉,让孩子敢于承担自己的责任。

教孩子学会认错

孩子不清楚怎样道歉,通常都是对道歉的意思不太理解。在孩子的意识中,起码的对与错还是能够区分的。祖辈必须耐心地告诉孩子,让孩子明白自己为什么会错,错在什么地方,怎样做才是合乎情理的。一旦孩子能意识到自己错误的行为,他也就能慢慢地学会道歉。有时孩子会因为害怕承担后果而胆怯,不敢去承认错误,这时祖辈就要鼓励孩子,让孩子明白知错就改就是好孩子,多给孩子一些安全感,这样可以避免孩子对承认错误产生畏惧感。当孩子犯错误的时候，会找各种理由逃避责任，这时，祖辈必须纠正孩子的这种行为，让孩子知道逃避责任是错误的，是一种十分可耻的行为。

专家提示：

对于孩子而言，学会真诚地道歉十分重要，不光能够对人与人之间的关系进行调和，还可以增进相互间的友谊。作为祖辈，一定要让孩子明白，道歉只有充分地表现出真诚，才会得到他人的原谅。

帮助孩子学会倾听

倾听是人与人之间进行感情交流的基础，对于孩子来说，则是与他人沟通的前提。要想更快地掌握所学的知识，就应该在课堂上专心地听老师讲课；要想获得朋友的尊重，得到更多的友谊，就要学会听朋友的倾诉；要想和祖辈更好地交流，拉近隔代之间的关系，也必须让孩子学会倾听。

倾听并非那么简单，它是一种本领。事实上，真正学会倾听，一定要从多个方面进行，在听的时候务必要专注，不然的话，光听是不会产生任何效果的。倾听必须抓住重点，学会有效地倾听，清楚别人讲的重点，这样才可以真正获得倾听的效果。总之，倾听并不简单，需要认真学习。

小妮是小学一年级的学生，和其他的小朋友一样，每天她都会高高兴兴地去上学。某一天放学后，爷爷问小妮："今天，你收获到了什么新知识？"小妮低着头没有回话，想了半天，结果还是想不出来。这个时候，爷爷又问小妮："老师今天布置什么作业了？"小妮把头挠了几下，还是没有回答。这个时候，爷爷便带着愤怒的语气说："你上学之前，是不是忘记带耳朵去？为什么老师说的，你全都不知道？"小妮赶忙辩解道："爷爷，每天在课堂上，我都非常认真地听老师讲课，只是在有些时候，我的注意力被外面的一些声音影响了，一不小心就走了神，当回过神时，才发现老师说的全没记住，我也不知道这是怎么了？"爷爷听了小妮的解释之后，心中的气消了大半，他认识到孩子不是故意不听讲，而是没有把自己的意识控制好而已。爷爷对小妮说：

"在课堂上听课时，你最好还是看着老师，不要光听不看，这样一来，你才能把话听进耳朵里。"

听了爷爷的话之后，小妮若有所思地点了点头。自此以后，小妮在听别人说话的时候，就变得十分专心了，学会了认真和专注，将只听不看的坏习惯改正过来了。

倘若孩子的领悟能力不是很好，听不懂祖辈的解释，那么，我们就有必要教孩子一些倾听的技巧了。如果在一定程度上，孩子已经认识到了倾听的重要性，我们还要将倾听的方法教给孩子，使孩子的倾听能力得以培养起来。

【对祖辈们说的话】

孩子学会语言表达的前提就是学会倾听。一旦孩子学会了倾听，那么他就可以知道别人表达的意思了，从而学会更好地表达自己。作为祖辈，也许会觉得，听别人讲话这种事太容易了，根本就不用教孩子学，从而不将它当一回事。这样一来，孩子在听别人讲话时，往往无法达到理想的效果，不是不注意听，就是经常听错。为了让孩子学会倾听，祖辈有必要让他先学会专注，在听别人讲话的时候，只有静下心来，才会听进心里去。

强化倾听的训练

祖辈们必须有意识地培养孩子倾听的习惯，对于一切可以利用的机会，都要加以利用，只有不断对孩子的倾听进行训练，孩子才会具备倾听的能力，才可以真正掌握住倾听的本领。对于每一个细节，祖辈都应该注意，给孩子注入倾听的能力，对其来说，即是一生的财富。

教孩子倾听的技巧

祖辈们可以通过自己的肢体语言，在孩子认真听讲方面进行不断的示范，并且叮嘱孩子在听别人讲话的时候，一定要用眼睛看着对方，专注自己的精神倾听他人诉说。训练孩子倾听能力的时候，一定要有针对性，这样才会取得最好的效果。

学会有效地倾听

之所以让孩子学会倾听，其目的很简单，就是让他们更好地弄明白别人表达的意思，在别人的语言中，获取对自己有价值的信息，同时增强自己的语言表达能力。所以，孩子在倾听时，祖辈们一定要让他做到有效地倾听。只有这样，才能提高孩子自身的表达能力，同时也是对别人的一种尊重。

为了让孩子学会有效地倾听，孩子在倾听别人说话的时候，祖辈们一定要教其具有耐心，先等别人把话讲完。倘若孩子没有耐心，就会心不在焉，在倾听别人讲话时，注意力容易分散，这样一来，对方就会误认为孩子不尊重他，甚至因为孩子没有理解别人的意思，而产生一些没有必要的误会。因此，祖辈们一定要教会孩子有效地倾听，静下心来，养成倾听的好习惯。

让孩子养成倾听的习惯

要想让孩子学会倾听，那么就一定要培养他良好的倾听习惯。只有做到这样，在以后的生活、学习及工作中，孩子才会自觉自愿地倾听别人。孩子最好的老师就是祖辈，为了让孩子尽快地学会倾听，祖辈们有必要为孩子树立一个良好的榜样。

一般来说，孩子身上的绝大部分习惯都来自于长辈，因此要想让孩子养成一个倾听的好习惯，那么做祖辈的在日常生活中，就有必要首先去做孩子的倾听者。孩子与祖辈们说话的时候，祖辈们一定要专心倾听。这样一来，孩子才会感觉到祖辈对自己的尊重，同时对于塑造孩子的倾听意识，也有着积极的影响，慢慢地，孩子主动倾听的能力就会延展开来，在不知不觉之中，倾听的好习惯就会养成。

专家提示：

学会倾听，不光可以为孩子带来自信，而且能帮助他获得别人的信赖，得到更多的友谊。学会倾听，才会从言语中理解对方，在必要时将援助之手伸出来，得到别人的尊重与赞扬。因此，祖辈要全力培养孩子倾听的习惯，让他懂得倾听的技巧，让他具备一副好口才。

挫折教育帮助孩子成功

每个人在成长的过程中不可能总是一帆风顺的，都会遇到一些不可避免的挫折。对于孩子来说，即便偶尔受到挫折，也无关紧要，关键是面对挫折的时候，应该怎样应对，这不仅可以提高孩子的情商，而且有助于塑造孩子健康的心理。

对于一个家庭来说，孩子无疑是最大的宝贝，祖辈们总是不希望孩子经历风吹雨打，想让他们永远都躲在自己的羽翼之下。事实上，这样做只会适得其反。孩子就好像是一颗小树苗，只有不断经历风吹日晒，才会成长为参天大树。

近几年来，自杀事件时有发生，并且其发展趋势越来越低龄化。一个孩子因为父母阻止自己去见偶像而割腕自杀；一个14岁的女孩子因为学校不准留长头发而从五楼一跃而下，坠楼身亡……面对这些触目惊心的新闻，不禁会使人发问，这些孩子究竟是怎么了？

芳芳是一个十分聪明的孩子，然而从另一方面来说，她也是一个非常不幸的孩子。在芳芳读幼儿园时，由于车祸，母亲过早地去世了。为了弥补芳芳幼小心灵所遭受的创伤，一家人都对她唯命是从，让她吃得好、穿得好。等芳芳上小学之后，因为其所遭受的不幸，老师们也表现出了深深的同情，在教育的过程中，基本上全是表扬她，从来没有当面批评过她，班级组织活动，只要芳芳申请参加，那么就一定会让她去。有一次，芳芳没有参加竞选，老师破格让她当上了中队长。

芳芳在童年的时候，虽然遭受过严重的不幸，给她造成了挥之不去的心理伤害。然而，周围人对芳芳的过分疼爱，只会给她的以后的生活带来更大的伤害。因为过分被人溺爱，芳芳已经成了一个受不了一点挫折的人。如果老师给她一个批评的眼神，她就会在这一天中闷闷不乐；如果有一个芳芳想要的机会没有得到，而是被别人获取，那么她就会连续几天闹情绪；因为老师的一句责骂，芳芳就会大吵大闹起来，甚至扬言要当众跳楼。这样下去，芳芳的未来还真不知道会怎么样？

事实上，追根究底，之所以会出现像芳芳这样脆弱的孩子，就是因为这些孩子在生活中缺少挫折教育。他们从来没有品尝过被拒绝的滋味，因此面对一些突如其来的不符合自己要求的事情，往往就会当场崩溃，并出现一些任性的消极情绪。

【对祖辈们说的话】

谈到挫折教育，祖辈们可能会说："人的一生实在是太辛苦了，只有童年时代，才是无忧无虑的，因此，对于孩子的要求，还是尽可能地不要拒绝，至于挫折，等长大之后，再经历面对也不迟嘛！"事实上，这种想法不仅是错误的，还是不负责任的。对孩子的一生来说，正确引导和培养他们的抗挫折能力，具有深远的意义。倘若孩子可以理性地面对挫折，孩子在人生道路上才会走得更加顺畅。

要以平和的态度对待挫折

一旦孩子遇到挫折的时候，祖辈们一定要注意自己的表情、语调、声音等外显态度，切不可一惊一乍，大惊小怪的。比如说，孩子跌倒了，这时祖辈们就显得十分紧张，立即冲上去把孩子扶起来，并检查有没有受伤了，同时还不断地发出抱怨，将责任推到地面或石头上。事实上，这种做法是要不得的。对于摔倒的疼痛，孩子一般都可以承受，并自己站起来接着玩耍，然而经祖辈们这样一说，孩子反而会撒起娇来，甚至哭闹不止。孩子之所以娇气，无法经受挫折，这和祖辈们的溺爱是分不开的。当孩子摔倒时，祖辈们应该对孩子说："你是勇敢的，自己站起来吧！"

让孩子自己解决力所能及的困难

当孩子受到挫折的时候，祖辈们先要对挫折的难易程度进行分析，倘若孩子自己可以解决，就应该让孩子自己动手解决问题。比如说，孩子刚拼好的图片被别人弄乱了，那么我们就应该对孩子说"没有关系"，并让他重新拼好。倘若孩子可以不靠任何人的帮助就将眼前的困难解决掉，那么对于孩子来说，可以更多地积累解决问题的经验，这样一来，他也会对自己的能力有一个正确的认识，从而使自己的信心和求胜欲望得到增强。这样的话，纵然以后再遭遇挫折，也不会将其吓倒。在面对挫折的时候，如果孩子有退却心理，祖辈们在这时就要给予鼓励，让他明白挫折无可避免，面对挫折时，一定要鼓起勇气，这样才能打败挫折，克服掉重重困难。

必要时和孩子一起解决问题

倘若孩子没有能力解决困难，作为祖辈，就应该及时与他一起面对。比如说，孩子的小伙伴拒绝了自己，或者是与孩子发生了争执，在这个时候，祖辈们应跟孩子讲道理，要对小伙伴为什么拒绝进行仔细的分析，并且对孩子说一些怎样与同伴交流的方法，一旦与小伙伴发生争执，务必要懂得谦让。

如果孩子遭受的挫折比较严重，在这个时候，祖辈们有必要对他进行悉心的引导。如果有必要，还得帮助孩子，让他充分认识到，只有不断克服困难，才能持续向前迈进。事实上，不断克服困难的过程，也是逐渐实现目标的过程。

在生活中，对于孩子的日常活动要善于观察，对发展的趋势一定要把握好。倘若经过多次的尝试，孩子依旧没有战胜挫折，那么祖辈们就应该给孩子提供及时的帮助。

设置障碍，让孩子清醒认识自我

在家中，还可以专门给孩子设置一些比较容易的障碍，在外面也是如此。一般来说，在外面设置障碍，效果往往会更好。比如说，让孩子与其他小朋友一起玩耍，可以让孩子体会别人不同的观点，从而让孩子对自己和他人有个更清醒的认识，顺利从以自我为中心的圈子中走出去。

专家提示：

俗话说：失败乃成功之母。事实上，适当的挫折也是成功之母。孩子在尝试失败与挫折的过程中，往往可以接受各种各样的考验，慢慢地，他也就学会了怎样去处理事务。祖辈们应该合理、巧妙地运用挫折，从而为孩子以后走入社会奠定良好的基础。

第六章

如何让孩子快乐学习

祖辈们必须明确一个事实，教育并非就是一味地逼迫孩子无条件地学习。强制性的学习，只会让祖辈与孙辈之间出现矛盾。如果祖辈们有这种行为的话，必须立即停止，取而代之的应是在与孩子一起生活的过程中，对其进行仔细的观察。通过与孩子们一起生活的过程，将引导孩子学习的方法寻找出来。

让孩子像爱玩那样爱学习

自己的孩子不爱学习，非常贪玩，不少家长都会对此抱怨不已，总是希望孩子能够像爱玩一样爱学习。事实上，许多孩子之所以爱玩不爱学习，和家长及老师传统的言行熏陶有着紧密的联系。

孩子放学之后回到家里，原本心情是轻松和高兴的，可是为了提醒孩子写作业，家长现出了一脸严肃的表情，为了让孩子写作业，有时甚至还会采取吓唬、威胁、强迫等手段。这样做，只会让孩子们打心眼里认定，学习必定是一件不怎么好玩的事情！在学校里面，孩子们的这种认识往往会得到进一步强化。孩子的作业做错了，某些老师就会当着同学面，肆意地挖苦和污辱；孩子的考试考砸了，老师就在班上斥责；每次放学或周六、周日，各科老师都会争相给孩子布置作业。功课这么辛苦，即便是大人也会觉得辛苦，孩子更不可能喜欢。

赫赫是一个非常活泼的孩子，已经开始读中班了。然而让奶奶烦恼的是，赫赫整天就只知道玩，对于要求静下心来学习，没有丝毫的兴趣。在幼儿园，赫赫最喜欢的是音乐课、活动课和故事课，可是一上数学课，他就无法听进去。后来，奶奶给赫赫报了几个兴趣班，例如围棋、画画等，赫赫比较抗拒，不乐意去学。赫赫最快乐的事情，就是回家与隔壁几个孩子一起玩耍。虽然说孩子的天性就是爱玩，可是现今社会竞争如此激烈，奶奶实在不想看到赫赫输在起跑线上。

望子成龙的心情，我们理解，哪个家长不希望自己的孩子在各方面都表现出色呢？然而，我们一定要尊重孩子的个体成长特性，孩子的年龄越小，差别往往越大，变化也会越大，长大之后，差别反而会越来越小，变化也会越来越小。所以，祖辈们在教育孩子的过程中，务必要杜绝“攀比”心态。每个孩子都有不同的兴趣爱好，发育先后也有所不同，尊重孩子是祖辈们的第一要务。

【对祖辈们说的话】

祖辈们必须注意，不可以让孩子长时间地看电视，或是玩电脑游戏。因为这个时候，大脑得不到应有的休息，到应当学习的时候，孩子自然会变得厌烦起来。这里所说的玩，主要是指单纯的劳动与运动。

把学习设计安排成好玩的事

作为祖辈，有必要将孩子的学习设计安排成一件好玩的事情，在谈论学习的时候，尽可能地处在轻松愉快的气氛中；如果作业做错了、考试失误了，祖辈们不应该讽刺、挖苦和训斥，而是要帮助孩子找到其中的原因，并加以鼓励，让他继续努力；做作业时，杜绝孩子抄袭，更不能让其信口开河。

尽量不提考试，要加以鼓励

如果孩子在考试上失败了，祖辈们应尽可能地不提考试，可以温和地对孩子说："我们来学习做饭吧，以后开一个小饭店，也是一件很不错的事"。孩子一听，可能会立即反驳说："这种事我不会干，以后我要当一个大科学家！"实在要说考试的话，祖辈们也可以这样说："胜败乃兵家常事，事实上，你是非常有潜力的，我相信下次你一定可以打胜仗。"这样一来，孩子的压力就会得到释放，自信心也会树立起来。

消解孩子对老师的抱怨

如果孩子对老师有所抱怨，认为他处事不公平，或者是布置的作业太多，在这个时候，祖辈首先要对孩子的心情表示理解，然后可以对孩子说："老师也是头一遭当班主任，其实也很不容易！"

协调好运动、劳动、玩和学习的关系

快乐与痛苦永远都是相对的。倘若让孩子在爬山和学习之间做出选择，孩子一般都会选择爬山。然而，第二天再让他在爬山与学习之间做出选择时，他则有可能选择写作业。孩子一旦玩腻了，自然而然就会想到学习上来。曾经有一帮"厌学"的孩子，老师组织他们参加夏令营。孩子们一天到晚都在不停地玩、爬山和锻炼。几天之后，孩子们便问道："老师，这样老玩着也不行呵！什么时候给我们布置点作业呢？"由此可见，祖辈们一定要将运动、劳动、玩和学习的关系协调好，如果只是单纯地抓学习，往往适得其反。

专家提示：

祖辈们只要长期坚持设计和创新，让孩子在学习的时候保持玩的方式、玩的心智和玩的乐趣，并不断通过自己的言行对孩子施加影响，那么他们认为学习可怕的观念就会慢慢地被改变过来，学习“挺好玩”的思想也会逐渐树立起来，这样，让孩子像爱玩那样爱学习的目的就可以实现了。

帮助孩子端正学习态度

孩子是否有端正的学习态度，这对孩子的学习效果会造成直接的影响。怎样让孩子把不良的学习态度改正过来，这是祖辈们的一个重大课题。孩子具备端正的学习态度，这样才会表现出高度的学习积极性，并能够认真、主动、顽强地对待学习任务。

孩子的学习态度不端正，则主要表现为：上课注意力无法集中，不能认真听讲，阅读课本不认真，对于老师所说的问题，不善于进行积极思考；在学习活动上热情不够，做作业的时候很不乐意，没有克服学习困难的决心与信心；不想上学，对于双休和放假，总是过分期盼，有的孩子甚至十分贪玩，对电子游戏、台球等娱乐活动过度迷恋；家长和老师提出的学习要求，总是置之不理；等等。

小明每次放学回家，丢下书包就到广场上踢足球；吃完晚饭，又会看很长一段时间的电视。爷爷对小明说：“家庭作业你不做了吗？”小明答道：“等把电视看完了再做。”直到这档电视节目放完了，他才来到书桌前，开始做作业，可是没过多久，小明碰到了自己不会做的题目，他就放下笔，又继续玩去了。

期中考试的时候，小明的语文和数学都只考了65分。爷爷奶奶对他说：“小明，你的成绩为什么这么差，后半学期，你一定要加倍努力才行。”小明却这样回答：“我好不容易考及格了，这已经很努力了，你还叫我怎样努力？”

要想把孩子的不良学习态度纠正过来，祖辈们有必要了解和分析孩子形成不良学习态度的原因。某些孩子由于经不起学习的压力，出现了不良的学习态度;某些孩子则因为贪玩,也养成了不良的学习习惯。在孩子的学习问题上,某些祖辈采取强迫手段,对于文化学习以外的活动,一概不准孩子参加,孩子的个性特点,不免被严重地忽视了,孩子只会觉得“活着很累”。在这种情况下,他们只有寻找宣泄不满、体验成功的渠道,如电子游戏机、球类运动等,这些乐趣和刺激让他们如醉如痴,无法自拔,远离学习。

【对祖辈们说的话】

对于孩子,祖辈们一定要严格要求,不可一味溺爱,不要在孩子的面前把消极的思想情绪流露出来,防止对孩子造成消极的影响。当然,对孩子进行正确的、深入的政治思想教育,这是最为重要的,有助于孩子形成正确的人生态度与学习态度。

让孩子对所学内容发生兴趣

一旦孩子对所学的内容产生了兴趣,那么在这个时候,他就会积极主动、心情愉快地去学习。比如说,一个孩子喜欢数学,回到家之后,总是先把数学作业拿出来做,根本不用从旁协助,可是一做语文作业的时候,孩子就变得不认真了,很容易开小差。这个孩子总是对家长说自己不喜欢语文。有一次,孩子在做数学作业的时候,碰到了一个字,就问奶奶:“获利的意思是什么?”奶奶借此机会对孩子说:“倘若不学好语文,字认识得不多,题意无法看懂,你就做不来数学题了。把语文学好,这是一切知识的基础。”由此可见,作为祖辈,一定要想方设法培养孩子学习的兴趣。

鼓励可以提高孩子的学习劲头

进行适时的表扬,不仅可以将孩子的积极性调动起来,还有利于培养孩子的自信心,激发孩子向前奋进,这可以说是一个非常有效的方法。然而,这种动力毕竟来自于外部,鼓励固然可以干劲十足,但一遭遇批评,往往就无法提起劲。孩子正在慢慢长大,祖辈们应该一步一步教导他,如何正确认识表扬与鼓励。只有这样做,孩子才能在各种环境下保持学习的动力。作为祖辈,有必要多和孩子进行沟通,利用日常生活中的点滴事例,让他懂得鼓励和批评是为了帮助他进步和成长。祖辈们如果很少表扬和鼓励自己的孩子,反而责备和批评更多,那么他就会缺乏自信心,也不会有学习的主动性。

区分我要学习和要我学习

作为祖辈，在学习的问题上，有必要让孩子自己做主，换句话说就是，让孩子养成“我要学习”的好习惯，做学习的主人，自觉主动地进行学习。孩子的学习积极性一旦被激发出来，就会取得明显的学习成效。

克服家长的虚荣名利观念

孩子每次考试，如果成绩好，祖辈们的心里往往很高兴；倘若成绩不好，祖辈们就会很生气，训斥孩子之后，又往往很后悔。事实上，这样做已经严重伤害到了孩子，因此我们在看问题的时候，不应该只从孩子的学习名次上着眼，而应该关注孩子各方面的提高，帮助他体验自身的成功，这样一来，孩子的成就感自然也会得到大大的增强。

调动学习积极性，增强自信心

为了充分地了解孩子，调动孩子的学习积极性，使孩子的学习兴趣得以提高，祖辈们应该多与孩子的老师进行联系。认真分析孩子面临的学习困难，为他寻找到困难的症结，并在学习方法上加以指导，设置“补差”计划，帮助他战胜困难，从被动走向主动。

悉心引导孩子接触社会和大自然，为他们制造发挥自己特长的机会，帮助他们松弛紧张的神经，从厌学走向乐学。对于孩子的成功，时刻加以关注，即便是一点点成功，也要给予肯定和鼓励，这样才可以使孩子的自信心增强起来。

专家提示：

为了帮助孩子端正学习态度，祖辈们有必要引导孩子认识学习的真正意义，要让他们知道，学习可以开阔自己的眼界，使自己的思维能力得到提高。让孩子上学，不仅可以训练他们的集体意识，而且能帮助他们学会处理复杂的人际关系。进行考试，则是检查学习中存在的问题，可以提高孩子的心理素质和受挫能力等。

引导孩子自己寻找答案

强迫性的思考往往是不可取的。当孩子面对自己不感兴趣的东西，倘若强硬要求他去思考，反而会使孩子的想象力受到阻碍。引导孩子自己去思考，自己去寻找答案，这样才能有效地培养孩子的感性认识，这是一个很好的捷径，它就在生活中隐藏着。

每个人都有两种认识，一种是感性认识，一种是理性认识。理性认识必须进行逻辑思考，不管是处在怎样的环境中，进行逻辑思考，寻找解决问题的方法，这就是所谓的理性认识。在进行理性思考获得结论的过程中，对事物的感知，就是所谓的感性认识，它是理性思维的基础。近几年来，人们开始逐渐认识到，在日常生活中，感性认识能力是人们必须具备的基本能力之一。

事实上，早在几年前，韩国就已经开始流行了"感性指数"这一说法。在报纸与电视上，也经常会宣称"感性指数"低的人很难适应现代社会的发展。敏感的祖辈们担心孩子的"感性指数"比别人低，为了培养孩子的感性认识能力，于是争先恐后地将他们送到相关学校进行学习。

"爷爷，为什么每个人都会死呢？"

吃晚饭的时候，小刚突然向爷爷提出了这个问题。对于小刚突如其来的问题，爷爷只能用常理进行解释。

"人的年龄一旦大了，身体就会生病，越来越衰弱，到一定的程度，人就会死去。"

对于爷爷的回答，小刚似乎不满意，迷茫地说道："好像不对吧！"

在这个时候，爷爷才明白对于一个小孩子来说，往往很难明白"死亡"这个现象。爷爷没有回答小刚的问题，反问道："为何人会死，你是怎么想的？"

小刚想了一会儿，答道："倘若人不死，一直活着的话，就会变得越来越懒惰。"小刚的回答也许很可笑，但为了寻求答案，他进行了自主思考，这才是最重要的。

在孩子成长的过程中，祖辈们应该经常和孩子说"为什么"。"这个东西为什么会变成这样？”“我们这样做，究竟是为了什么？”不断地询问“为什么”，这样孩子就会开动脑筋，努力寻找答案，通过这种不间断的思考，孩子的思路便会慢慢扩展开来。

【对祖辈们说的话】

在学校里面，只有一种培养感性认识的方法，即思考的多样化。在培养感性认识的过程中，从多角度进行思考，这可以说是最重要的一点。在面对一个事物的时候，孩子可以从多个角度进行思考，而这即是培养感性认识的核心。

不要忽略打破砂锅问到底的提问

孩子在成长的过程中，往往会提出很多的问题，而这些问题大多是没有答案的。“为什么人会死去？”“人们为什么要相互屠杀，进行罪恶的战争？”这一类的问题，孩子总是可以问出很多来。对于这样的问题，祖辈们应该怎样回答，这的确是一件让人为难的事。

而当有一天，孩子突然之间问自己是怎么来到这个世界上。虽然这种问题的答案很简单，然而要想说清楚，却比较难。“爸爸与妈妈在床上相互爱抚，就把你生出来了。”纵然这样直白地对孩子说，孩子多半也无法真正明白。祖辈们在面对这种问题的时候，往往不知道应该怎样回答，最后只能选择一种模棱两可的答案，即“因为爸爸与妈妈结婚了”。

把问题回答完之后，祖辈们可以松一口气了，暗地里认为自己的回答十分圆滑，岂料孩子的问题又来了。

“爸爸与妈妈为什么要结婚呢？”

“因为爸爸爱妈妈，妈妈爱爸爸。”

“爸爸与妈妈之间为什么会有爱情呢？爱究竟又是什么呢？”

在这个时候，孩子对于最初问的问题，可能早就已经忘记了，而祖辈们为了终止对话，只能用生气的语调说：“等你长大之后，自然一切就明白了。”

虽然还有很多问题，孩子仍旧不太明白，可是由于他已经觉察到祖辈有些不耐烦了，也就不敢再问下去了。面对孩子荒唐的问题，祖辈们回答了几次之后，就会本能地避开孩子的提问，并且打心眼里感到这样的对话纯粹是在哄小孩子玩，根本就是在浪费时间。

祖辈们如果真这样想，那就大错特错了。孩子之所以问这样的问题，是因为真的很好奇，而祖辈回答他们的问题，也并非是在浪费时间。将孩子的提问阻止住，其实也就是把培养孩子感性认识的机会放弃了。

不停地对孩子的提问做出回答，这就是培养孩子感性认识最有效的方法。一旦孩子问“为什么”，那么在这个时候，就意味着孩子对于这个问题，已经进行了一番深入的思考，由于实在想不通，才会向祖辈们求助，以期获得明确的答案。对于一个问题，孩子不断地打破砂锅问到底，在这个过程中，他的思维就会变得越来越活跃，思路也会不断扩展开来，孩子感性认识的基础，也在于此。

反过来问孩子“为什么”

祖辈们首先要将传统的认识改变过来，这样才有利于将孩子培养成感性认识丰富的人。孩子上什么培训班等，祖辈们无须为这种事情而苦恼，对于孩子提出的问题，最好是先听一听，接着再问一下孩子“为什么”，这样可以使他们的思考空间进一步开拓。在“为什么”的提问中，充满着孩子的感性认识的灵光。在孩子向祖辈们问“为什么”的时候，祖辈们也要反问孩子“为什么”。

专家提示：

对于孩子的一些问题，祖辈们总是会显得手足无措，认为一定要给孩子一个正确的答案，不然就是不称职。事实上，并非一定要为孩子提供一个正确的答案，孩子能够开动脑筋，不断进行思考才最重要。

让孩子养成良好的学习习惯

“少年若天性，习惯成自然。”这是圣人孔子说的一句话。倘若孩子在年少时就养成良好的学习习惯，那么他便会更好地追求知识，努力学习，而不需要祖辈们的再三催促。习惯有着惊人的力量，通过每天的点滴积累，对孩子一生的发展都会产生极大的影响。

孩子追求知识的基础，就是有一个良好的学习习惯。通过每天不断的积累与巩固，孩子的这个资本才会不断地发展和增值，孩子在学习的过程中，也才会产生“滚雪球”的效应，最终可以让他在学习上出现质的飞跃。

爷爷给孙子示范小青蛙的折法，孙子看得很专心。示范完之后，爷爷要求孙子自己试着折一下。可是孙子一拿到纸，就退缩了，叫道：“爷爷，我不会折。”跟着就将纸丢到了地上。爷爷到走孙子边上，笑着对他说：“不可能吧！我发现你刚才看得很认真呵，大胆，试一下，如果真不会，爷爷再帮你。”孙子开始动手了，可是他就是不肯自己独立思考，总想要爷爷来帮忙……

在我们的日常生活中，有的孩子做事不认真，往往只有几分钟的热度；有的孩子无法独立思考，独立动脑，独立动手，只想依赖他人的帮助。长此以往，孩子各方面的能力就无法得到锻炼，将来势必无法适应社会的发展。造成这一切的根源，就是孩子没有养成一个良好的学习习惯。

【对祖辈们说的话】

如今这个社会，电脑、掌上宝、手机等高新技术层出不穷，人们的工作与学习，也因而变得更加简单和高效。但是，在这个过程中也出现了一系列的问题，尤其是对孩子来说。由于高新技术可以省时、省事、省力，因此孩子往往会过分依赖这些产品，从而使学习思考的能力和动手的能力慢慢丧失掉，打字什么都依赖电脑等，不光让孩子提笔忘字，而且写的字也是惨不忍睹。那么，为了使孩子养成一个良好的学习习惯，我们应该学习什么样的方法和技巧呢？

让孩子学会独立思考

为了提高孩子发现问题与解决问题的能力，祖辈们有必要引导孩子养成独立思考的习惯。对于真正追求知识的孩子来说，独立思考是一种不可缺少的良好习惯。学习不是一项记忆工作，机械地重复又重复，只有不断地对知识进行思考，它们才能在孩子的大脑中长久地沉积下来，知识只有经过思考，才能深刻和持久地被记住。对于孩子的提问，祖辈们一定要重视，对于孩子的问题，一定要认真地回答，在学习的过程中，鼓励孩子多思考，多把问题提出来，不要把书读死了，并且引导孩子，自己去把问题的答案寻找出来，在这个过程中，不断地发现问题和解决问题，孩子自然而然就会形成独立思考的良好学习习惯了。

引导孩子合理安排时间

作为祖辈，一定要培养孩子合理安排时间的习惯，并帮助孩子把良好的生活态度培养起来。这样，既可以将一个人的学习与生活态度反映出来，也可以为孩子赢得更多的学习时间。如果孩子没有时间观念，那么他往往会感到时间不够用，但是每天并没有做出什么事情来，时间究竟花在哪里，也不是很清楚。倘若孩子没有时间观念，祖辈们应该和他进行协商，然后将一份科学合理的时间安排表制定出来，并且设置奖惩原则，这样可以更有效地促使孩子在规定时间内将任务完成，帮助他培养合理安排时间的良好习惯。

让孩子养成工整书写的习惯

工整书写也是一个必不可少的良好学习习惯，它不仅可以将一个人的学习与生活态度反映出来，而且能将他独特的个性展示出来。虽然信息时代已经到来，电脑得到了广泛的普及，可是在日常生活中，硬笔书写依旧是不可或缺的一项基本技能。倘若让孩子从小就养成工整书写的好习惯，那么必然有助于他一生的学习生活。祖辈们在教育孩子时，要重视书写练习，并有针对性对其进行训练。比如说，教会孩子正确的坐姿和握笔的姿势，帮助孩子学习基本的书法知识，让他们认识字的基本构成、笔画顺序以及字间距等。祖辈们要及时纠正孩子错误的书写姿势，倘若有条件的话，不妨把孩子送到书法班学习，并不时监督他们的书写习惯。

培养孩子认真完成作业的好习惯

认真完成作业，这也是一个很好的学习习惯，可以让孩子受益终生。孩子如果不认真完成作业，那么在其他事情上，他必然也是相当马虎的，谨慎的学习态度更是无从谈起。所以，祖辈们应该培养孩子认真完成作业的良好习惯。祖辈们必须经常告诉孩子：写作业的时候，一定要专心致志，千万不要三心二意；在没有完成作业的时候，不可以请同学或者朋友到家里来玩；写作业的时候，一定要认真思考，自己不懂的问题，不可不求甚解，蒙混过关，一定要经常向祖辈请教，等等。务必要把孩子认真完成作业的好习惯培养起来。

让孩子养成多阅读的好习惯

阅读是一种良好的学习习惯，能让知识与精神双丰收，可以帮助孩子增长见识，体会书中的文字魅力，让孩子的内心引起共鸣。祖辈们在日常生活中应该以身作则，尽可能地多读书看报，不看电视或玩电脑，这样可以帮助孩子从小养或爱阅读的好习惯。同时，祖辈们还应该督促孩子阅读各种有益的课外书籍，增长孩子的见识，使孩子的知识面不断丰富。

专家提示：

很多祖辈崇尚对孩子施行随性教育，这固然有一定的道理。然而，随性教育并非就是让孩子顺其自然，任意发展。祖辈们千万不要盲目推崇随性教育，尤其是在培养孩子的行为习惯方面，一定要及时加以指导，一旦把训练良机错过了，要想再改进，就已经太晚了。

培养和保护孩子的学习兴趣

孩子产生自己的兴趣，一般都是在很小的时候。在不一样的年龄段，因为各自不同的素质，孩子的兴趣往往有所不同。孩子在兴趣上的表现和发展，通常都是天赋与素质的先兆。祖辈们应该经常观察并询问孩子有什么兴趣，正确引导孩子发展自己的兴趣。

曾经有一位学者，认为孩子学习的兴趣与向上的积极性是家长撒在孩子心田中的一粒小火种，一定要悉心呵护，要不断地“烘”着它，帮助它一点一点地燃起来、旺起来，最后它才能演变成一堆熊熊烈火。

张爷爷的孙子已经9岁了，虽然很懂事，做人有礼貌，可就是太敏感，做任何事情，都喜欢看别人的脸色，在学习方面，更是常常不在状态。老师上课的时候，他总是喜欢跑神，从小学一年级的时候就这样，成绩一直处在中下等水平。张爷爷做过很多努力，但都没有取得什么明显的效果。考试成绩不好，张爷爷也从不打击孙子，只是鼓励一下，让他好好努力。这个孩子虽然感觉到了张爷爷对成绩的重视，但是在要求自己的时候，他又总是三分钟的热度，虽然表面上都把作业做完了，不明白的地方也时常提问，可是成绩一直上不去。张爷爷很苦恼,不知道应该从哪里入手。

在上述案例中,张爷爷的孙子之所以学习上不去,主要就是因为他没有学习的兴趣。

【对祖辈们说的话】

那么,在隔代教育中,祖辈们应该怎样培养孩子的学习兴趣呢?

增强学习快感,培养直接兴趣

有人说著名物理学家杨振宁是“刻苦”学习的,杨振宁却不赞成,因为在学习的过程中,他从来就没有感受到过“苦”,反之,无穷的“乐”倒被他体会到了。如果学习能够为孩子创造快乐,那么孩子一定会热爱学习,孩子的年龄越小,他的学习兴趣就越接近直接兴趣。

比如说,某些孩子之所以热爱画画,主要是因为他喜欢在纸上用五彩的蜡笔涂抹,看着五彩的线条不断地在纸上延伸和扩展,他的思维与想象力也会尽情地遨游、旋转起来;或者是因为老师经常对他做出肯定的表示,即便他画得并不好。

为了让学习变为一件快乐的事,祖辈们对孩子一定要多表扬,少批评。对于孩子的优点,一定要善于发现。倘若真的是孩子做错了,自然也要给予适当的批评,还要让孩子清楚批评他的原因所在。其次,从一开始的时候,就要让孩子有成功的体验。祖辈们要尽量帮助孩子掌握好知识,让孩子一开始就学懂,这样不仅可以增强孩子的自信心,而且能帮助他体验到学习的快乐。

明确学习目的,培养间接兴趣

有教育学家认为,学习目的的教育应该和孩子的思想与实际联系起来,坚持正面教育,做到耐心细致,通过各种事例和多种多样的形式,将学习目的和生活目的完美联系在一起,这样才会获得最好的效果。比如说,某些孩子在学跳舞的过程中,对于舞蹈基本功的练习并不重视,认为这个苦不必吃,然而,对于通过舞蹈参加各种演出表演活动,她又特别地感兴趣,这种兴趣,也可以变成孩子练习基本功的动力。因此,祖辈们不光可以对孩子的直接兴趣进行充分的利用,让他们勤奋学习,还可以通过学习目的教育来使孩子的间接兴趣也得到提高。在各种活动中,兴趣的动力作用,已经被很多心理学家承认了。瑞士儿童心理学家皮亚杰认为兴趣是“能量的调节者”。我国著名心理学家潘菽说:“兴趣是学习动机中最现实、最活跃的成分。”培养孩子学习的兴趣,这样便可以将他对学习的积极性激发出来,从而有效地推动他在学习中获得好成绩。

利用孩子的好奇心,培养学习兴趣

好奇、好问、好动,这是孩子普遍具有的特点,祖辈们可以充分利用这些特点,把孩子的学习兴趣激发出来。有的孩子喜欢拆开闹钟,有的孩子则喜欢不停地问为什么,如果祖辈们对孩子的这些特点不了解,一味地看成淘气和捣乱,从而采取批评、冷淡、不理睬的态度,就会使孩子的智慧幼芽受到损害,使他们求知的积极性被挫伤。如果孩子提问,祖辈们一定要认真回答,倘若暂时回答不了,那么也可以告诉孩子,等弄明白了之后再对他说,然而,说出来了,就一定要做到,千万不要敷衍了事。倘若祖辈们哄骗孩子,那么以后遇到不懂的问题,他也不会再问了,这样一来,孩子的积极性与好奇心就会被戳伤。

创立有利于学习兴趣培养的外部环境

只有在肥沃的土壤上,好庄稼才能长出来,要想培养出智力优秀、聪明活泼的孩子,则必须有一个良好的家庭环境。首先,祖辈们一定要以身作则,在生活中表现出热爱学习的行动。如果祖辈们一边督促孩子要努力学习,一边自己在不停地打麻将,那么孩子的兴趣,可能就不是把学习搞好,而是怎样玩好牌了。如果祖辈们经常捧一本书,或者坐在书桌前认真执笔,孩子耳濡目染,自然也会爱上学习。

专家提示:

不少祖辈开口闭口就会对孩子说:“这么简单的题目都做不来,只知道在外面玩。”虽然是一种恨铁不成钢的情绪,但却不知,好钢就在这样的批评声中慢慢钝化掉了,久而久之,孩子就会感到自己很差劲,总是做错,对学习有一种压抑感,于是厌恶学习。

学会激发孩子的进取心

在人的天性中，就有一种叫作“进取心”的动力、一种往前的倾向，会努力迈进自己想要的目标，一旦达到这个目标，又会瞄准一个更高层次的目标。然而，现在有很多孩子的人生都被家长安排得妥妥帖帖，根本没有努力进取的余地，久而久之，孩子自然会缺少进取心。

对于孩子的智力发展而言，积极进取的精神有着非常大的影响，一旦缺少它，人的心中就会变得无比迷茫，还会使孩子的自信心与创造性受到严重的压抑，在学习方面，孩子也会失去应有的兴趣。

上一二年级的时候，辉辉的学习成绩一直处在班里的前三名，爷爷奶奶很以自己的孙子为荣。然而，当辉辉读三四年级的时候，情况发生了巨大的变化，特别是第一个学期完结后，辉辉的学习成绩居然下滑到了20名之后。辉辉一向自我感觉学习成绩不错，这一下，他算是遭到了一个不小的打击，更让他难过的是，爷爷奶奶的脸色也开始黑了起来。

辉辉下定决心认真学习，争取在下一次考试中，重回班上的前三名，但是，辉辉在第二学期的考试成绩仍旧不怎么理想。伤心失望之余，辉辉开始怀疑起自己的能力是不是有问题，或者是因为压力太大、太紧张的缘故。这个时候，爷爷奶奶的脸色变得更难看了，总是对辉辉横加指责，经常说他“是一个笨蛋，太不争气”。辉辉的心里很难过，逐渐变得沉默寡言起来，心里也越来越自卑，后来以至于产生了厌学情绪，在学习上面，完全没有了信心。

从客观上来说，任何一个祖辈都希望自己有一个乐观向上、积极进取的孙辈，学习成绩总是名列前茅。然而问题就在于，到底怎样才能帮助孩子建立积极的进取心。对于这个问题，很多祖辈不免操之过急，辉辉的爷爷奶奶即是一个很好的反面例子。在辉辉失意的时候，他们不仅没有鼓励孩子，相反还残酷地奚落孩子，这样一来，也无情地磨灭了辉辉心中残存的一丝进取心，致使辉辉走到了极端，得到了事与愿违的结果。

现在这个社会的竞争异常激烈，对孩子的要求也越来越高，怎样把孩子的进取心培养起来，这是一个非常重要的课题。即便孩子在学校读书，也存在着十分激烈的竞争,孩子一定要具备非常好的"情商",才能立于不败之地。

【对祖辈们说的话】

一般而言,命运由性格决定,人一生下来,是不是具备好的性格,这和遗传有着密切的关系,同样一个道理,后天的激发也占据一个重要的位置。一个人只有具备了不服输的精神,那么他才会有积极性,才能不断进取,敢于拼搏和冒险。

在故事中激发孩子进取

祖辈们可以经常为孩子讲一些伟人的成长故事,讲完之后,再问一下孩子的感想,这样可以更好地帮助他树立人生的梦想。比如说,经常给他说毛泽东的奋斗故事,毛主席时候是怎样求学的,革命时的艰苦岁月是怎样的,让孩子对历史和伟人的过去都有所了解,然后再让孩子说一下自己的想法。

帮助孩子设立一个偶像

为孩子建一个偶像,让孩子不断学习偶像的做法,并从偶像的人生经历中,得到有益的启发。

不断让孩子设立小目标

为孩子设立小目标,并尽量促使其完成,这样可以让孩子的信心不断得到增强。为了提高孩子的积极性,还可以适当给予物质和精神上的奖励。同时要告诉孩子,说出来的,就一定要做到,千万不要半途而废,久而久之,孩子自然就会为自己设立目标,并不断地为达到目标而不懈努力。一个人的人生方向就是目标,只有具备了这个目标,人生才会找到奋斗的方向,才会产生进取的动力,这样一来,孩子也会慢慢成功起来。

培养孩子的毅力很重要

要想达到目标,毅力是不可缺少的保证,同时还是孩子不断进取的保证。那么,孩子的意志应该怎样培养呢?祖辈们可以让他经常参加一些活动,如跆拳道、跑步、拳击、游泳、篮球等,或者是各种户外运动。最好是让他坚持一件事,每天如此,如跑步、练字、练书法、打球等。只有不断坚持,才会获得胜利。

专家提示：

在漫长的人生道路上，每个人都渴望得到帮助，每个人都盼望得到人的关怀，每个人都希望有人能帮助自己避免残酷的风雨……孩子也是如此，对于父母温暖、安全的臂弯，他们往往比较依恋，然而人总得逐渐长大，在这个激烈竞争的社会中，倘若没有进取心，只会一事无成。

第七章

孙辈也需要祖辈的尊重

祖辈们只有尊重孩子，才能将他们的自尊心和积极乐观的心态培养出来。倘若对孩子不尊重，则极易使孩子产生自卑、退缩、行为不良等不好的品质。尊重孩子，首先应接纳孩子，不可在外人面前羞辱孩子，尊重孩子的合理决定；尊重孩子，并非是放任、纵容孩子；尊重孩子，可以有效帮助孩子形成健康的人格。

保护孩子的隐私和秘密

在日常生活中,很多祖辈都认为孩子的年龄还小,所以他们不会有属于自己的隐私,在大人们的面前,他们就没有什么秘密。事实上,这种想法是错误的,孩子也享有隐私权。

对于孩子而言,他的个人隐私就是不想让其他人知道的事情,比如爸爸妈妈离婚或者是双方在吵架、某次活动当中自己得了最后一名、自己身体上拥有的某种缺陷、在某一次的游戏中自己不小心出了洋相、由于没有听话而被罚,等等。对于这些"不光彩"的事,孩子都是很在意的。如果祖辈经常向其他人提及这些在孩子自己看来是很难堪的事情,孩子会认为祖辈是在侮辱自己。

比如说,倘若一个孩子身上长了一个胎记,看起来非常的特别,奶奶常常在众人面前撩开他的衣服向他人展示,甚至以这个胎记的形状为依据给孩子起了一个小外号,这样做的最终结果就是,孩子对于奶奶的做法特别反感,他感到奶奶的行为伤害到了他的自尊心,甚至会因为这件事情而与奶奶产生隔阂,对于祖孙关系的发展是很不利的。

"心心,来!喝一杯牛奶!"当奶奶走进孙子房间的时候,又一次忘记了敲门。心心非常生气,一边整理着自己的桌子,一边大声地说道:"奶奶,我已经对你说过很多次了,进门之前,一定要敲门!我的隐私权,你怎么就不知道尊重呢?"奶奶听完之后,不禁笑了起来,她拍了拍心心的脑袋,继而说道:"小屁孩有什么隐私权!你才多大呀?在我面前,你又有什么隐私呢?小时候,你的吃喝拉撒都是由我一手操办的……"心心听了奶奶的话,气愤地推开了奶奶的手,奶奶看到孙子居然这样对待自己,心里很伤心,她失望地走出了心心的房间。

就孩子心理程度的发展来看,在两岁半的时候,他们就已经知道什么是羞耻感了;在3岁的时候,对于自己的一些小秘密,他们也不希望别人知道了;等到4岁以后,他们便会出现越来越多不愿意让别人知道的事情。在孩子整个成长的过程中,这些全部都是他们一种十分正常的心理需要。

但是，孩子在各个阶段的一些特殊的心理特征，很多祖辈并不是特别的了解。所以，祖辈们有时候的所作所为，常常会让孩子与他们之间的关系变得越来越紧张。随着孩子年龄不断增长，他所追求的独立也会变得越来越强烈，在这个时候，他会渴望有一个属于自己的独立自由的空间，而祖辈们偏偏想知道、想了解有关于孩子的全部事情，他们希望孩子可以一直生活在自己羽翼的保护之下，并在塑造孩子的过程中，时刻以自己的理想为依据来行事。

【对祖辈们说的话】

每个人的心理发展都是有规律可循的，一般可以分为如下几个阶段。婴儿时期，孩子的一切都必须依赖父母，因此也不存在保护隐私权的意识；幼儿和少儿时期，在很大的程度上，孩子都会将照看自己的人和父母当成模仿对象；进入青春期之后，由于逐渐出现成人意识，在更广泛的范围内，他会接触到社会以及其他人，情况则会产生巨大的改变。在这个时候，孩子的隐私就正式出现了，而且内容会变得越来越丰富，范围也会不断扩大。

隐私包括个人生活的方方面面，如个人理想、观念、人际关系、身体状况等，并不单单只指日记和信件。重视隐私权，这也是社会进步的一种象征，而知道保护自己的隐私，则是走向成熟的一种标志。倘若一个人总是喜欢将个人的隐私在大庭广众之下说出来，那么他必定不能适应这个社会，同时也意味着他的心理年龄的发展已经停滞了。

说话谨慎，不要信口开河

对于孩子的隐私，祖辈们有必要给予一定的尊重。祖辈们在孩子面前说话的时候，无论是态度还是行为，都一定要谨慎，千万不要信口开河，不然的话，在不知不觉之中，就把孩子的隐私权侵犯了。这样做，对于孩子心理健康的发展是十分不利的。

给孩子提供属于自己的空间

应该给孩子一个完全属于他自己的自由空间，比如，当孩子稍微长大之后，和孩子分开睡，为他安排一个单独的房间，这样可以让孩子有一些完全属于自己的小空间、小秘密等。

培养隐私意识，让隐私具体化

培养孩子的隐私意识，必须从很小的时候开始，让孩子明白什么样的事情可以让其他人知道，有什么样的事情是只可以让家长和自己知道的。让隐私变得具体化，这样可以避免在不明了的情况下，孩子将自己的隐私透露给别人知道，从而给家人和孩子造成某些不必要的麻烦。

避免孩子以隐私为借口

此外，祖辈们还得注意，尊重孩子的隐私和以尊重隐私为借口拒绝祖辈的管教和帮助是两回事。祖辈在很长时期内都有教育孩子的权利、义务和责任，为了防止孩子利用隐私作为借口，祖辈们一定要在孩子很小的时候，就将他良好的道德感培养出来，同时还要为他灌输一些法律知识。

专家提示：

学会保护隐私，这是孩子适应社会的一种表现。事实上，保护隐私就是保护自己。所以，如果孩子说出“这是我的隐私”或者“你要尊重我的隐私”时，祖辈们不应该害怕，而是应该感到高兴，因为这意味着孩子已经长大了。

尊重孩子渴望独立的愿望

渴望独立，这也是孩子的一种天性！倘若只是单纯地教孩子做一件事，事实上也只是画地为牢而已。只有让孩子自己去发掘、去探索，他才会将“大海”中众多的“岛屿”发现出来。在这个过程中，祖辈和孙辈可以一起学习与提高！

祖辈们在带孩子的时候，一定要懂得换位思考。孩子想独立时，如果无法得到支持，那么在以后的生活中，孩子的依赖性会变得更加强烈。随着孩子慢慢地长大，渴望独立的愿望会变得越来越强烈，倘若对于力所能及的事，我们却不让孩子做，从来不给他们制造学习独立的机会，那么孩子就极有可能丧失做事的兴趣与愿望。

在现实生活中，很多家庭都是独生子女，祖辈们由于有很多的时间，因此可以无微不至地照顾孙辈，孙儿的吃喝拉撒睡全部包办代替。对孩子过分的宠爱、保护和照顾，生活上的一切事物都为其包办代替，无论是穿衣、吃饭、整理玩具等，都为其打理，这样，孩子独立自主意识和动手能力的锻炼就全部被剥夺了，从而导致孩子缺乏独立性，生活自理能力差，对大人的依赖性过强，意志比较薄弱。所以，一旦孩子尝试着自己做主，那么在这个时候，祖辈们千万不要对孩子说："你不行"、"你还小"、"你不懂"等。这样的过分溺爱和保护，只会将孩子想得到独立的渴望抹杀掉。

小芳3岁的时候，父母因为出车祸，双双离开了人世，于是她只能和外婆相依为命。因为失去了父母，外婆便对外孙女倍加疼爱，基本上是寸步不离地守着她，害怕她再受到什么伤害。

外婆对京剧很感兴趣，每天都会去公园和老朋友一起唱戏，小芳也常常陪着她一起去。没过多久，小芳也学会了唱戏，并且还唱得有板有眼，迅速成了公园戏迷中的小明星。

倏忽之间，小芳已经长到9岁了，人们渐渐发现，这个女孩不怎么活泼，脸上时常会出现老年人才有的表情和神态。此外，小芳也没有同龄的小伙伴，除了唱京戏之外，什么事情也做不来。不管是生活常识还是文化知识，小芳都异常得贫乏。

之所以会这样，都是因为外婆平时把她看管得太严了。因为害怕她出危险，所以外婆从来不让小芳出去玩，小芳平日接触的大多是六十岁以上的老人。外婆从来不让小芳做家务，也没有送她上学，因为担心她在学校被人欺负。旁边的人看到这种现象不正常，于是劝说外婆送小芳上学，说现在不学习文化知识，以后怎么在这个社会上立足！外婆还是固执己见，说唱戏赚钱也一样。

在现实生活中，一旦把孩子独立的权利剥夺了，那也就意味着把孩子生存的权利剥夺了。

相比于年轻的父母，祖辈的观念比较容易落后，几十年来形成的思维模式与生活方式，一时之间难以改变过来，无法跟上社会发展的脚步。因此，在和孩子相处的时候，祖辈们无法运用科学的、有创造性的方式对孩子进行引导，一旦孩子出现具有冒险与创新性的探究行为，如"破坏"行为、尝试行为等，总是一味地强加禁止，却不知这恰恰是孩子正在探究事物的表现，是一种创新行为。

【对祖辈们说的话】

蒙台梭利是意大利著名儿童教育学家，他曾经说过一句话："教育首先要引导儿童沿着独立的道路前进。"随着孩子慢慢长大，他们的心里就会萌生出承担责任的愿望，并且希望和大人一样，拥有一个自己的空间。作为祖辈，切不可对孩子独立性的活动意向采取压抑措施，一定要尝试把他们的手脚解放开来，为孩子制造一定的锻炼机会，对于一些力所能及的事，多留给他们做，使他们的独立自主性逐渐培养起来。

让孩子对自己想要做的事情进行选择

游戏能够促进孩子的各项能力得到发展，游戏也是孩子很喜欢的一种活动方式。所以，祖辈们要对孩子多进行鼓励，让他能够对游戏的项目和方式进行自由的选择，对于游戏伙伴也让他自己来选，游戏目标也要让他自己提出来，材料也要让他自己选择，自己构思，扮演他心中所期望的角色，祖辈们在整个过程之中只要给予指导就行了。比如，看到孩子从玩具盒里拿出了积木，在孩子还没想出来搭建什么的时候，祖辈们先不要插手。等到孩子能够自己独立构思完成的时候，然后及时给孩子一定的鼓励。比如，可以这样说："你建的是一个不带阳台的楼房吧？要是在楼房外面建一个院子就更好了……"当孩子独立完成楼房的建造后，也许马上就转移了兴趣，然后让他再自己对想要玩的游戏项目进行选择。但如果孩子在中途就停止了，祖辈们要多给孩子鼓励要他继续下去，或者跟孩子一起完成这个游戏，让孩子养成有始有终的好习惯。

自己的事情要能够自己去做

随着孩子独立性的发展，他们希望像大人一样做能够做的事情。这时，家长就要放手让孩子去做一些他力所能及的事情，让他知道自己的事情要自己去做，同时树立起积极的进取心和自信心，让他感受到不再对别人有依赖，自己能够独立去做一件事。比如，在进行自我服务的方面：自己吃饭洗脸，自己去整理床铺，系鞋带，穿脱衣服等一些日常的事情。某些祖辈担心孩子受累，不让孩子做任何事情，事实上这对于锻炼孩子的意志和独立解决问题的能力是不利的。

让孩子当一天的“家长”

选择一天让孩子完全自己做主，让他为家庭成员进行任务分配，让这样做可以让孩子感受到自己独立所带来的乐趣与滋味。如果孩子的独立性和自信心不是很强的话，祖辈们可以经常鼓励孩子做一些他肯定能够完成、难度不是很大的事情或者是游戏，让他体验到成功的快乐，同时，这对于他的自信心的培养也是有利的。

留给孩子一些自己的空间

现在，祖辈们对孩子进行教育的极端有两个：过于娇惯或过严管教，这些对于孩子独立性的发展都是不利的。留给孩子一些自由的空间，其主要是在对他独立性进行培养的时候，要适度地给予他自由和解放，并不是说要让孩子放任自流。当然，我们并不是说孩子无论做什么样的事情都非得按照祖辈们的意思来，孩子如果事事都言听计从的话，其最终的效果往往难以如人所愿。祖辈们要为孩子创造一个自由的空间让他能够施展出自己的才能，使其能够自由自在地发展，只有这样，才可以在最大程度上激发出他的潜在能力来。另外，在培养孩子的独立性的时候，要注意对孩子进行引导，可以听取他人的一些合理的建议，而不是固执、任性。

专家提示：

事实上，孩子有着惊人的成长速度，远远超过大人的想象。祖辈们认为孩子无法做到的事，其实孩子早就可以驾驭了。所以，祖辈一定要尽可能多地为孩子制造一些锻炼的机会，提高他们的勇气，从孩子的兴趣入手，培养他们自己做事情的能力，在自我服务中，孩子的责任心才会不断增强。

不要伤害孩子的自尊心

中国古代有“堂前训子”的说法，似乎孩子的错误只有让大家知道，他才会对此产生深刻的印象，之后也不会再犯同样的错误了。事实上，“堂前训子”不光无法达到教育的目的，还有可能严重伤害到孩子的自尊心和自信心。

很多祖辈一般都这么认为，自己的孩子还比较小，多批评他一下，就可以“知耻而后勇”。事实上，孩子的自尊在被伤害后，也许所起的效果是相反的。

有一天，蓉蓉的奶奶带她到李奶奶家玩，李奶奶有一个孙子，叫苗苗，他俩一起画画。李奶奶看到孙子画画比不上蓉蓉，心里有些生气，毕竟苗苗要比蓉蓉大半岁。大的居然不如小的，这让李奶奶的心里失去了平衡。想着想着，她就开始责骂起了苗苗：“你不知道怎么画的，还比不上蓉蓉，她可比你还小哩！”听了奶奶的话，苗苗顿时把眼睛瞪得好大，他生气地看着奶奶，说道：“奶奶，我觉得自己画得挺好的呀！”李奶奶没有考虑到孩子的情绪，反而更加大声地训斥：“画得不好，自己还不知道，还敢顶嘴，每天就只知道疯跑疯玩，真是把人烦死了！看看人家蓉蓉，不仅听话，还很优秀，哪像你这个样子！”苗苗顿时把画笔丢在了地上，生气地跑开了。

从此之后，苗苗好像变成了另一个人，相比于以前的天真活泼，现在走向了另一个极端。有一次，苗苗发现奶奶从菜市场买菜回来了，故意躲进了房间，不想和奶奶碰面。奶奶说：“小宝贝，过来看一下，奶奶给你买了好东西。”苗苗非但没有过去，相反还十分怨恨地对奶奶说：“你买的什么，我都不会要的。”

对孩子不要强求，更不应该拿自己的孩子去和别人的孩子比较，这样只会让孩子尊严扫地，变得阴郁、自闭、不自信，甚至还会逼迫孩子走向憎恨的极端。案例中的李奶奶即是因为伤害了孩子的自尊心，从而使苗苗变得阴郁。

很多人都知道，自尊心对孩子以后的成长以及他今后人生历程的影响都是非常巨大的。那么孩子的自尊心是在什么情况下产生的？根据孩子所表现出来的能力以及孩子对自身能力的各种反应，一般可以分为三种情况。

其一，孩子的自尊心很强。这一类的孩子虽然是非常活泼的，喜欢表达出自己的观点，在交友方面、学业方面也是非常成功的，并且他们的兴趣很广泛，有创造性，在与别人进行问题的探讨时喜欢处于领导的地位，无论做什么样的事情，他都有信心做到最后；不知疲倦，对于任何苦难也都不会示弱。

其二，孩子的自尊心一般。这一类的孩子性格方面是比较活泼的，开心的时候很乐意表达出来自己的观点,交友的范围也是很广泛的,但是对于他们自己的作用和能力却是相当没有主见的,在认为其他人对他们很喜欢的时候,只有在此时才能够做得最好。

其三,不同于前两类的孩子。这一类的孩子的主要表现是低沉,对于自己的看法并不敢于直接表达出来,也不敢胡乱发脾气,在和别人进行问题探讨的时候只喜欢听并不喜欢说。

【对祖辈们说的话】

作为祖辈,千万不要认为孩子年纪小,就不爱面子,没有自尊心。事实上,很多孩子的自尊心比大人还要强烈。因此,祖辈们在教育孩子的过程中,千万不要使孩子的自尊心和自信心受到伤害。

对孩子要多表扬少批评

孩子在吃饭的时候,也许拿勺子的姿势并不正确,祖辈们就批评他,这个时候孩子肯定会非常的生气,并且坚决不进行改正。换另外的方法,每当孩子在拿勺子的时候要对孩子进行鼓励,一点一点地去进步,时间一长,孩子很快就能够改正。

不要当着外人的面责罚孩子

不要当着他人的面对孩子进行责罚,让孩子的羞耻之心得到一定程度的保留。比如,祖辈们带着孩子去邻居家玩的时候,孩子会抢邻居家小弟弟、小妹妹的玩具,把小弟弟、小妹妹打哭后,如果祖辈们让孩子向对方承认错误的时候,孩子通常情况下都会一言不发。当把孩子带回到自己家里的时候,孩子会向祖辈们主动承认自己的错误。由此可见,尽管孩子还不算很大,但是他也会有羞耻之心。责罚孩子的时候不要在别人的面前,这样对于孩子的自尊心都会有一定的伤害,让孩子逐渐变得自卑起来,甚至会有逆反心理的产生。所以,对于孩子,祖辈们一定要给予一定程度的尊重,要注意既要保护好又要培养孩子的自尊心。

专家提示:

所谓孩子的自尊,就是他对于自己的表现、能力、身体等都很满意的一种心态。孩子之间会有所差别这是一定的，有的处事灵活，有的反应迟钝。外界对于自己的评语，孩子往往十分敏感，所以祖辈们在教育孩子的时候，一定要注意培养和维护孩子的自尊心。

千万不要当众揭孩子的短

很多孩子一旦受到家长的羞辱，往往会出现很深的负罪感，同时会在心理上对自我进行贬低，变得越来越自卑，越来越敏感，并且会使努力进取的信心丧失掉。被家长当众揭短之后，如果孩子的性格比较倔强的话，他甚至会产生强烈的对抗情绪与叛逆心理。如此一来，孩子只会误入歧途，越走越远，完全背离家长的期望。

在现实生活中，经常会发生这样的事情：在亲戚朋友的面前，家长会肆无忌惮地训斥自己的孩子，说些诸如“你为什么那么笨，数学考试只得了50分！”“都已经10岁了，还在尿床，真是太没出息了！”之类的话。有的家长甚至会在老师或同学的面前，把自己孩子的短揭出来：“这小子啊，昨天居然敢掏我的裤袋，现在都已经学会当小偷了！”“我这女儿长得这么矮，实在不适合学跳舞！”“我这儿子真的是很笨哦，怎么教也教不会的！”

钟奶奶从菜市场买菜回来，看到邻居被锁在门外，一问，原来是忘记了带钥匙。钟奶奶邀请他到自己屋里坐一坐，邻居答应了。把门一打开，钟奶奶顿时惊呆了：家里的白沙发被蜡笔涂得五颜六色、乱七八糟。看到这种情况，特别是当着邻居的面，钟奶奶的气愤可想而知。她把孙子叫到跟前，大声呵斥道：“这究竟是怎么了？”孙子望了奶奶一眼，一句话也不说。钟奶奶继续说：“已经给你准备了一大把纸，你不画，非要画在沙发上？我出去买几个菜，就几分钟的事，你就把家里破坏成这个样子！”孙子看了一眼邻居，又看了看奶奶，仍旧低着头，一句话也不说。钟奶奶变得更加气愤了，把孙子往前一拉，说道：“你问这位阿姨，哪家的孩子会和你一样？”邻居听了，不免有些尴尬，继而说道：“孩子嘛，少不了淘气，你也别太在意！”钟奶奶的孙子听了这些话，顿时哇地哭出了声，拔腿跑进了房间，再也不肯出来了。

某些祖辈是这样认为的：孩子的学习成绩不好，经常做错事，事事不争气，如果当众把他的短揭出来，让他感到羞耻，这样反而能够对他进行一下刺激，为了挽回自己的尊严，促使他下定决心加以改正。事实上，这种观点是不正确的。在内心深处，这些祖辈不仅怨恨孩子不成器，而还怨恨自己教育失败。为了消解这种怨恨，他们采取了一种扭曲的方式，不断地对孩子的过失进行嘲弄，以防其他人说自己教子无方。其实，这样做意味着祖辈在心理上不健康。不仅不会产生教育作用，还会对孩子的心理健康产生不良影响。

【对祖辈们说的话】

作为祖辈，在批评孩子的时候，一定要注意技巧。

批评孩子要注意时间与场合

在早上吃饭时和睡觉前，祖辈们尽可能地不要批评孩子。如果在早上批评孩子，孩子一天的好心情可能就会被破坏掉；如果在吃饭的时候批评孩子，则会对孩子的食欲产生影响，久而久之，将十分不利于孩子的身体健康；如果在睡觉前批评孩子，则会对孩子的睡眠造成影响，对孩子的身体发育十分不利。最主要的是，祖辈们在批评孩子的时候不要选在公开场合。比如说，当着众多亲朋好友的面或者当着孩子同学朋友的面，对孩子肆意批评。否则，孩子会觉得没有面子，甚至会对祖辈心怀不满，心生怨恨，这样一来，祖辈和孙辈之间的感情，也将遭到破坏。

批评要合理

祖辈们在批评孩子的时候，首先要搞清楚孩子的不良行为事实，如果事实不清楚，一味夸大其词，那么孩子就会产生抵触情绪。在现实生活中，某些祖辈在批评孩子的时候，之所以遭到孩子的抑制，甚至让他产生不满情绪，主要原因就是祖辈批评的理由不充分，喜欢夸大其词，让孩子从心底生出厌恶。只有进行合理的批评，孩子才会从心理上接受，孩子的不良品德、不良行为、不良习惯与不良学习态度等才有可能被抑制住。

批评要与教育结合起来

祖辈之所以对孩子进行批评，其目的无非是为了抑制孩子不良品德、不良习惯、不良行为和不良态度等。为了让批评可以达到预期的目的，祖辈在批评孩子的时候,一定要将不良品德、不良行为、不良习惯与不良学习态度的危害性向孩子讲清楚,让孩子觉得克服这些缺点和改正错误十分有必要,让孩子感到祖辈之所以批评自己,是为了自己可以更快地向前进取。

批评要在点子上

俗话说:“打人莫打脸,骂人莫揭短。”祖辈在批评孩子的时候,一定要有针对性,必须就事论事。但是,很多祖辈在批评孩子的时候,往往无法做到就事论事,总是喜欢东拉西扯,把以前的旧账全部翻出来,将上个月,甚至两年前、三年前孩子的错误都放在一起清算。这样做的话,只会将批评过失的主题冲淡,孩子无法知道自己挨批评究竟是为什么,祖辈想让他改正什么,极易让孩子感到这样做也不是,那样做也不是,缺点总是存在,从而产生消极情绪,使自信心完全丧失。

专家提示:

一旦批评与事实不相符合,祖辈也应该给孩子解释的机会。倘若孩子表面上虚假地表示自己已经接受了批评,但是心里却十分委屈,事实上仍旧于事无补,甚至会引发多种弊端。此外,祖辈还必须让孩子明白:之所以进行解释,并不是要将本来应负的责任推卸掉,而是为了锻炼孩子在解释的时候,保持心平气和、实事求是的态度。

尊重孩子的兴趣和爱好

兴趣可以最大限度地发挥孩子的智能。如果孩子做自己感兴趣的事情,他往往可以全力以赴;反之,倘若家长强迫孩子做他不喜欢的事情,要求他放弃感兴趣的事情,那么他必然会和家长产生冲突,也难以有成就。

现代社会竞争异常激烈,很多家长为了让自己的孩在赢在起跑线上,在安排孩子学习的时候,往往喜欢随意跟风。在舞蹈、钢琴、绘画、外语、书法等方面,把大量的精力和财力都投入了进去,而对孩子真正的兴趣与爱好,却很少顾及。

在孩子兴趣、爱好的选择上,某些家长甚至着非常强的功利心,如果是对孩子的考试、升学有帮助，又或者是看上去很高雅的，就盲目地加以支持和鼓励，有时甚至还会强迫孩子学习。对于孩子真正喜欢的事物，由于与家长的标准不相符合，则武断地加以制止和否定。

霄霄从很小的时候，就对小动物情有独钟，更热衷研究小动物的生活习性。读初中时，由于喜欢观察小动物，经常把自己弄得浑身是泥。爷爷奶奶对此十分生气，觉得霄霄不务正业，于是采用各种办法，禁止霄霄去外面玩。爷爷希望霄霄学习弹钢琴，这样在中考的时候，可以额外加分。

刚开始的时候，趁着爷爷奶奶不注意，霄霄就会偷偷地跑到附近的公园中，做一些自己感兴趣的事情。有一次，霄霄回家后，爷爷发现他带回一只黑色的蜘蛛。爷爷当即就发了大火，大骂霄霄不应该将这么脏的小动物带到家里来。爷爷一脚就把蜘蛛踩死了，还把霄霄积累了多年的装着各种标本的“百宝箱”摔烂了。那一刻，霄霄愣住了，神情恍惚地回到了自己的房间，躲在里面沉默了一个下午。

从此之后，霄霄的学习成绩开始下降，人也变得不爱说话，为此，爷爷奶奶愁闷不已，甚至怀疑他的智力出现了问题。

面对霄霄的变化，霄霄的生物老师却说：“霄霄这个孩子其实是非常聪明的，倘若能好好加以培养，以后必定会成为一个非常出色的生物学家。”

霄霄生物老师的话，应该引起祖辈们的深思。在现实生活中，无视孩子的兴趣与爱好的现象实在是太多了，如果把孩子的兴趣和爱好强行剥夺，那么只会产生一个结果，即孩子的发展被严重束缚。霄霄的案例正好说明了这一点。

【对祖辈们说的话】

如果祖辈们干涉孩子的兴趣和爱好，那么必然会给孩子造成一定的危害。事实上，对于孩子的兴趣与爱好，很多祖辈也想尊重，但是常常不知道该怎样去做。作为祖辈，不妨参考下述几种做法。

善于发现，为孩子创造条件

对于孩子的兴趣和爱好，祖辈们要善于发现，并且尝试引导孩子在兴趣方面要多下一些功夫，尽量给孩子创造机会和条件，尽可能地让孩子在自己喜爱的天地中无忧无虑地畅游。这样,就可以将孩子的潜能激发出来,从而帮助他在某一领域成就事业。

要想发现孩子的兴趣,祖辈们首先得养成仔细观察孩子的习惯。一般来说,孩子反反复复做某件事,那么他们的兴趣往往也在于此;其次,祖辈们在和孩子沟通时,应该站在一个平等的立场上,多让孩子说一下自己的想法,多问一下孩子到底喜欢做什么,从孩子的回答中,往往可以找到孩子的爱好在哪里。

事实上,祖辈们有必要从小就发现、鼓励和培养孩子的兴趣,最好能够有几种。这样一来,孩子的人生就会变得更加丰富多彩,不仅充满乐趣,而且满怀期待,对他的一生都将起着积极的作用。此外,当孩子选择兴趣爱好的时候,祖辈们可以适当加以引导,但是绝对不能为孩子包办代替。

尊重孩子的喜好和兴趣

今天的生活已经变得越来越多姿多彩了,无论是人的个性还是人的兴趣,都得到了充分发展。因此,祖辈们一定要尊重孩子的爱好和兴趣。如果孩子的兴趣和爱好与祖辈们的期望相背离,但只要是正当的,祖辈们就应该充分地尊重。

培养孩子的兴趣,切记不可盲目跟风

祖辈们都希望,自己的孩子可以掌握很多种技能,将来会有一个美好的前途。然而,对于孩子的兴趣爱好,很多时候祖辈们都没有考虑到,总是擅自为孩子安排好一切。有时甚至还会盲目跟风,流行什么就强迫孩子学习什么。

就这样,在祖辈们的事先安排下,孩子一次又一次被动地接受着教育,由于自己的兴趣爱好得不到满足,孩子慢慢厌学了,同时还可能将这种情绪发泄到其他方面,对于孩子的成长来说是极为不利的。

专家提示:

当然,对于孩子的兴趣爱好,祖辈们也不可听之任之,有必要适当给以引导与帮助。倘若孩子过度沉浸在某种兴趣爱好中而对正常的学习、生活造成了影响,祖辈们还是有必要进行干预的。对于两者之间的关系,一定要教会孩子正确对待，合理安排时间。祖辈千万不要简单地制止，最好是用孩子可以接受的方式。

小进步也要肯定和鼓励

孩子正处于成长期，在日常生活中，不仅存在着好习惯，同时也存在着坏习惯。作为祖辈，一直有一个让其困扰的问题，即怎样鼓励孩子保持良好的习惯，矫正不良的习惯。倘若在做这项工作的时候，适当运用强化-消失定律，事情就会变得越来越容易。

心理学专家指出，在有的时候，对于孩子的负性行为，祖辈应该加以忽视，把自己的预期目标分成一个一个的小步骤，循序渐进地做，这样，孩子的坏习惯就可以改掉了。也就是说，倘若一个孩子在生活上有很多不良的习惯或行为，祖辈们不应该只抓住这一点，死死不放，而是应该努力寻找，孩子在什么时候没有这种不良行为，并及时给予孩子肯定和鼓励。对于孩子的每一个小进步，祖辈们都应该及时给予赞扬。强化孩子的积极行为，这可以说是一个非常好的方式。因为，所谓质变，都是由量变而产生的，平时的小小进步积累在一起，才有可能出现大的变化。所以，对于祖辈而言，一定要强化孩子的点滴进步，这样才可以让自己的孩子获得质的"飞跃"。

但是，现在有不少祖辈都对孩子往往存在着过高的期望，总是希望孩子可以发生"突变"或"飞跃"。所以，并不注重孩子细小的进步，甚至对这种进步表现得非常冷淡。

小颖已经12岁了，他有一个让家人非常讨厌的坏习惯，即每天放学后，一回到家里，就往起居室的地板上扔自己的书包、鞋和外衣等。虽然偶尔小颖也会听奶奶的话，将书包、鞋和外衣等摆放好，但绝大部分的时间都是，意乱扔的。为了矫正小颖的这个毛病，奶奶尝试过很多方法。然而，不管是提醒他，责备他，还是惩罚他，都仿佛没有什么效果，小颖仍然会把东西扔在地板上。

在这种情况下，她决定试着强化孙子的正确行为，看能否改正小颖的坏毛病。

有一天，小颖在经过起居室的时候，没有把东西往地板上扔。奶奶马上走到小颖跟前，用力地拥抱了一下小颖，表扬了他的体贴和懂事。刚开始的时候，小颖非常吃惊，但不一会儿，他的脸上就露出了自豪的笑容。从此以后，他便坚持这样做下去了，而小颖的奶奶也一样，一看见小颖没乱扔东西，就会对他表示感谢与表扬。

祖辈对孩子的肯定和鼓励，这是他在争取更好表现的强大动力，而如果采取冷漠的态度，则会将孩子争取更好成绩的信心击溃掉。然而，很多大人们总是因为孩子在某方面的不足，穷追猛打，以致让孩子都感觉自己无可救药，自信心也全部丧失掉了。对于动物来说，喂食物是一种有效的鼓励手段；而对于孩子来说，鼓励的手段则是祖辈的爱、宽容、关怀、耐心和理解。

【对祖辈们说的话】

赞美可以将孩子的积极心态培养起来，这种心态不仅可以帮助孩子继续发扬优点，还能激励孩子改正缺点。相比于大进步的赞扬，小进步的鼓励往往更加重要，更有意义，孩子自信心的重要来源，即是这种表扬。同时，肯定和鼓励还是保持和发展孩子积极行为的巨大动力。只有有了信心，孩子才具备克服困难的勇气；只有拥有了快乐，孩子才具备继续努力的动力。祖辈们千万不要吝啬自己的认可与赞扬，而是要通过自己那双最敏锐的眼睛，把孩子身上的闪光点发现出来。

表达对孩子的爱意

孩子一般都是很敏感的，祖辈们应该用微笑面对孩子，用赞扬激励孩子，用赏识肯定孩子，这样会让孩子觉得自己是被人喜欢的，被人爱的，孩子会感到自己深处幸福之中，会为了让祖辈开心而做一些祖辈乐意看到的事。

满足孩子的心理期望

任何一个人，都不希望在别人的眼中是失败的，没用的，这样只会让人没有勇气与信心，并在生活上陷入无望之中。祖辈们在面对孩子时，不能轻易给予否定，尤其是对于一个怀抱期望的孩子来说，不管做事好坏，祖辈们都应该满足孩子那种被认可、被肯定的期望心理。

肯定孩子的成绩

孩子都有着强烈的表现欲，他们总是期望自己能够被别人肯定。祖辈们应该清楚，这个方法，可以很好地提高孩子的积极性。孩子在进行某件事情时，尤其是刚开始的时候，纵然进步十分微小，祖辈们也应及时给以肯定和鼓励。

对孩子进行肯定和鼓励，可以使他产生成就感，自信心方面也会得到一定的增强，为了取得更大的成绩，也愿意更积极地去努力。对于孩子小小的进步与成绩，祖辈们切不可加以忽视，孩子只有在被肯定的状态下生活，才会培养出良好的心态，才会生出自信，从而不断地前进。

告诉孩子"你很棒"

一般来说，孩子的自我评判性，以及对自身价值的认识，几乎都是从外界而来的。对于孩子来说，积极的评判往往可以起到非常好的激励作用，而消极的评判，则会让孩子的自信心全部丧失掉，以后对待任何事情，也只会消极抵抗。在孩子很小的时候，祖辈们就应该对孩子进行一些积极的评判，这样一来，孩子就会形成良好的自我认知，对于孩子未来的学业和事业来说都是坚实的基础。

专家提示：

因为自身经验的缺乏，孩子在刚开始的时候，一般都不会做得很好。如果孩子无法完成预期的任务，祖辈们也不要批评孩子，相反，还得肯定他的付出，接着，再帮助他在做事的方法上加以改进，让他多多尝试，直到获得最后的成功。

第八章

祖辈要与时俱进

为了和孩子更好地沟通，祖辈们应当用一种开放的心态，主动学习和接受新鲜事物，这样不仅可以丰富自己的晚年生活，孩子也会因为你接受的态度而把你当成自己的朋友与你交流。除了之此，要想跟上孩子的步伐，与时俱进，不做“老顽固”，祖辈们还得经常进行自我反思，从而获取教育孩子的智慧。

切不可做固执的祖父母

毋庸置疑，祖辈们对于带养孙子、教育下一代存在着一定的优势。但是，祖辈们带孩子也有一定的弊端，客观一点来说，在教育观念上，祖辈们一般都比较传统。因为受到传统文化和以前教育背景的影响，所以在育儿问题上有着很多陈旧落后的观念。

不少祖辈因为带过几个孩子，所以往往会觉得自己是“过来人”，自己吃的盐比年轻人吃的米还多，于是喜欢采用自己的传统观念对孩子进行教育。事实上，如果一味地采取这种固有的观念，将十分不利于孩子的成长。

西西今年4岁了，正在上幼儿园，然而一个学期过完，她却连一个好朋友也没有交到。幼儿园的阿姨说，在幼儿园里西西表现得十分内向，很少与别的小朋友一起玩耍，并且，在课堂上向她提问的时候，她也总喜欢低着头。从小，西西就跟着奶奶一起生活，而奶奶是一个非常喜欢安静的人，很少到外面交际，日常总是喜欢在家里待着。所以，西西上幼儿园之前，奶奶家楼下就是她每天的活动范围，基本上不存在其他的活动范围。久而久之，西西不爱说话的习惯就逐渐养成了。倘若家里出现了陌生的客人，西西就会变得忸忸怩怩，还不理人。

【对祖辈们说的话】

对祖辈们的教育观念进行分析，我们可以总结出，绝大部分的祖辈因为历史和自身的原因，与社会生活大多存在一段距离。未来社会需要什么样的人才，以及孩子的心理特征和成长规律，祖辈们都不太了解。因此，在照看孙子的时候，常常无法采取科学的教育观念和教育方法，这样就会对教育的质量和效果产生不可避免的影响。唯一的解决方法，就是祖辈们必须树立起现代化的教育理念，具体应注意以下几点。

不要圈养要放养

和年轻父母相比，祖辈们带孩子的活动范围往往要小很多。之所以会如此，主要是由人的生理特点、年龄特点导致的。所以，祖辈们的“看管方式”，早就注定了孙辈的活动范围是封闭的，这已经是不争的客观现实。有关专家曾做过一项隔代家庭家教现状的调查，他们提出了一个问题，即是否鼓励孩子在户外奔跑、跳跃、尽情玩耍？结果发现，在这个问题上祖辈和父辈之间存在着非常大的差异：赞成鼓励的祖辈只占12%，而父辈占了55%。面对这种结果，专家一致认为，老年人的诸多自然衰老特征，如记忆衰退、思维缓慢等，使他们在无意识中把孩子的活动范围缩小了。

事实上，幼儿时期的孩子，有着很强的求知欲，体力活动也十分充沛，所以，在这个阶段，孩子需要合理的智力刺激与运动量。如果将孩子封闭在一个十分单调的小环境中，那么往往会养成他内向、不爱活动的习惯与生活方式，对其智能的发展也将会产生极大的影响。因此，祖辈们一定要对这一点有所认识，日常生活中多带孩子到外面玩耍，多和他人打交道。

物质上穷养，精神上富养

在孩子物质条件与生活照顾上，很多祖辈花费了不少的时间和精力，却取不到理想的教育效果，甚至适得其反。祖辈们压根儿就没有想到，满足和放纵孙辈们的物质欲望，随着年龄不断增长，他们慢慢就会产生攀比心理和贪婪心理，出现无法满足的“虚荣心”，而求知、好奇、阅读、关心他人、热爱自然等精神修养会难以建立。所以，祖辈们“重物质，轻精神”的教育方式是不正确的，长此以往只会因小失大，把孩子害了。虽然一个孩子由几个大人供养是一种幸福。然而这种幸福，务必要有分寸，大人们一定要精心营造，于细微处见精神，祖辈和父辈配合密切，相互默契，从传统的误区走出来，这样才对孩子的成长有利。

让生活“闹”一点

老人们一般都喜欢安静，这是不存在错误的，但如果也要求孩子们老老实实、安安静静，这与孩子的成长常规不相符合。一定要清楚，这样不仅会使孩子体能、操作能力等各方面受到阻碍，还会造成孩子的竞争心、自信心降低。事实上，小孩子的天性就是爱玩，要想使孩子的认知和交往能力得到提高，只有让他们多玩耍，多和人接触与交流。因此，为了让孩子在德智体等方面全面发展，祖辈们应当放开手脚，让孩子动起来。

别做固执的老头子、老太太

现实生活中,不少祖辈总是固执地认为以前的老观念是最好的,十分不乐意接受新的育儿理念,并且爱说书上的东西没有用,实践才是最重要的。虽然养育孩子不可能完全照着书上的做,可是多了解一些科学的育儿方法,无论是对日常生活还是对孩子的成长,都是有帮助的。必须了解,最好的养育孩子的方法,就是理论与实践相结合,因此,聪明的祖辈们在照看孩子时,千万不要束缚在以前的老观念、老传统中,务必要采用先进的育儿方法,这样才能更利于孩子的成长。

专家提示:

在新的时代,老人已经成了家庭教育中的重要力量,所以,老人在家庭教育中的作用,一定要进行充分的发现和利用。祖辈们一定要将自己的视野打开,把观念放开,紧随时代的步伐。通过老年大学、家长学校等各种渠道,不断充实自己,做好孩子的领路人。

过时的"学习好则百好"观念

待人接物,日常礼仪是基本规矩。所以,在培养孩子的素质时,礼仪是不可或缺的重要组成部分。"养不教,父之过",这是中国的一句古话,意思是说孩子不懂礼貌,没有教养,与家长有着很大的关系。所以,作为祖辈,在教育孩子的过程中,千万不要忽视礼仪教育。

人成长的过程,也就是不断学习的过程。孩子在出生的时候,并不懂得礼貌,所以祖辈们如果天天和孩子待在一起,那么就一定要着重培养孩子的社交礼仪。倘若不注重孩子礼貌行为的培养,那么,孩子长大后适应社会的各方面能力必定会受到影响。

小烨已经读小学三年级了,在爷爷奶奶的悉心帮助下,各门功课的成绩都非常优秀。小烨经常会得到老师的表扬,亲朋好友也常常会夸奖他,在这个时候,爷爷奶奶也感到脸上有光。这样一来,在日常生活中,爷爷奶奶宁愿让自己受委屈,也不愿意委屈到孩子,无论是好吃的还是好用的,都任由小烨自己挑，小烨用剩下的和吃剩下的，爷爷奶奶才会吃、才会用。但是，正是由于爷爷奶奶过分疼爱，小烨慢慢养成了自私的性格，毫不顾及他人，平时做事没有一点礼貌。

有一天，爷爷奶奶带小烨去参加一个亲友家的宴会，当时在场的有好多人，包括亲朋好友、大人小孩等。当大家都在彼此客气地打招呼时，小烨却一屁股就坐在了正中位，脸上露出一副旁若无人的神情，并且不停地在椅子上摇摇晃晃，一会儿坐下来，一会儿又站起来。这个时候，爷爷奶奶才发现自己的孙子一点文明礼貌也不懂，站没有站相，坐没有坐相。

当宴会开始的时候，刚上第一道菜，主人还没有劝让，每个人都没有动筷子，小烨就抢先把筷子伸出去了，对于他人唰唰投来的目光，完全没有顾及，让在场的爷爷奶奶十分难堪。还有更离谱的，当小烨最喜欢吃的"咖喱樱桃"上桌时，他竟然把盘子端到了自己的前面，就像在自己家一般，一个人尽情地大吃起来，丝毫就没有顾及别人的感受。这个时候，对于别人鄙夷的眼光，爷爷奶奶实在受不了了，于是拉起小烨迅速离开了宴会厅。

在现实生活中，有很多像小烨这样不知道礼节的孩子。之所以会如此，主要是因为家长平时没有把这一点放在心上，一旦到一定的场合，必须会出现让人忍受不了的尴尬。事实上，要想将孩子良好的宴席礼节培养起来，家长平时就应当"把餐桌当成课堂"。一旦孩子会自己吃饭和上餐桌，那么在这个时候，祖辈们就必须对孩子进行"进餐教育"，让孩子学会良好的进餐礼仪，形成良好的用餐习惯。

【对祖辈们说的话】

为了培养孩子的礼仪，祖辈们首先要将好的榜样做出来，在公共场合，一定要自觉遵守礼仪秩序，如在乘公交车的时候，没有必要为孩子抢座位，如果看到需要座位的人，一定要主动让座，这样才能更好地教育孩子。在耳濡目染之中，孩子在行为方面自然而然就会出现祖辈们的印痕。培养孩子懂礼仪，祖辈们还可以从以下几点入手。

教孩子"敲门"的礼仪

进房间时，有一个基本礼节，就是先敲门，它可以将一个人的基本素质反映出来，所以在日常生活中，祖辈们一定要明确地对孩子说，无论是谁的房间，要进去就一定要先敲门，得到允许后才可以进去。

为了让孩子形成“敲门”的习惯，祖辈们可以有意识地经常把自己的房门关上。倘若孩子无法遵守，那么就一定要加以提醒。刚开始的时候，孩子一般都会疏忽掉，往往未经敲门就进来了，但你只要多次加以提醒，他就会逐渐地接受“要敲门”这一礼节。一旦孩子敲门了，那么在这个时候，一定要在语言和表情上加以赞赏。

教孩子餐桌上的礼仪

带孩子参加宴会时，必须注意他在餐桌上的一些小动作。比如说，吃饭的时候，倘若食物把牙塞了，切不可用手抠，而是要求他悄悄地告诉祖辈，让大人帮手。如果孩子大一点的话，则应学会使用牙签，剔牙的时候，还得用手将牙签捂住，这样可以避免影响他人吃饭。正在进餐的时候，倘若孩子想去厕所，一定要让他悄悄地告诉祖辈，避免在众人面前说出“我要撒尿”一类的不文明语。另外，还得嘱咐孩子，把饭吃完之后，一定要和主人打一声招呼，说“我吃完了”，这样才能够离去。

教孩子接打电话的礼仪

有人说，一个家庭是不是有礼仪，接听电话就是一个最佳的透视窗口，因此，聪明的祖辈在日常生活中，一定要适时地在礼仪方面对孩子进行教育。一般来说，关于接听电话的礼仪，比较常用的主要有下述几个方面。

接电话的时候，尽量放轻声音，切不可在电话中大喊大叫；不管谁打来电话，都必须先说一声“你好”，然后根据情况，可以说“请问”“请等一下”一类的礼貌用语；打电话的时候，应该先把自己的名字报出来，然后说出自己要找的人；结束时，要先说一声“再见”，才可以把电话挂了，如果只管自己讲完，就把电话挂了，这是非常不礼貌的。

在回答对方的问题的时候，一定要做到大方，长时间不回应或者不知怎样回答，就挂掉电话，这都是不礼貌的；打电话的时间也要注意，通话时间不要过长，为了避免影响别人的休息，也不要在太早或太晚的时候给人打电话；挂话筒的时候，须做到轻拿轻放，如果摔话筒，或是重重地挂电话，这都是不好的行为。

专家提示：

祖辈们一定要将“学习好则百好”的教育观念改变过来，将一切由着孩子的教育态度改变过来，这样才能成为孩子礼仪的优秀规划师，造就出文明有修养的孩子。

勤充电才能不脱节

在隔代教育中，祖辈们对待孩子常常以经验为主。虽然祖辈们有很多丰富的经验和观点，但这些一般都是在多年前形成的，和当今社会的发展有着某些差异。根据统计显示，70%以上的祖辈无法教好孩子。那么，祖辈们把一切都付出了，收获为什么这么小呢？

隔代教育之所以收效甚微，主要有两个原因：一是在教育孩子的时候，祖辈们极容易向孙辈传播一些错误、陈旧的思想观念，从而让孩子在认识上出现误区；二是绝大部分祖辈都自以为，自己带过孩子，所以对于现代的育儿方法往往采取拒绝的态度。因为陈旧的观念，或者是文化水平有限，造成了教育上的“脱代”，对孩子的成长和发展产生了不良影响。

兰兰今年6岁了，是一个非常漂亮的小女孩，很多人都常常说兰兰长得好漂亮，为此，兰兰总是高兴得像做梦一般。然而，最近一段时间，兰兰却变得闷闷不乐了。原来，曾经一口洁白无瑕的牙齿，现在居然出现了黑色的斑点。身边的人看到之后，都嘲笑兰兰，说她越长越丑了，牙齿上布满了脏兮兮的黑东西，小伙伴们也不跟她玩了。正因如此，兰兰气哭过几回，并且把责任推到奶奶身上，抱怨不已。

兰兰怎么会抱怨如此疼爱她的奶奶呢？因为奶奶最喜欢让兰兰喝糖水，特别是每晚睡觉前，总会叫兰兰喝一杯糖水。奶奶总是对兰兰说，小孩子喝糖水，不仅睡得香，而且长得快。久而久之，兰兰对糖水上瘾了，越喝越多，几年过去，牙齿上就自然而然出现了黑黑的斑点。现在，面对兰兰的抱怨，奶奶却说：“牙齿黑一些，这没有什么大不了的，小孩子的乳牙长大了就会换新的，到时牙齿还会变得白白净净。再说，小时候家里很穷，根本喝不起糖水,现在这牙齿还不是掉得精光?”

从上述案例中,我们可以发现,祖辈们在教育孩子的过程中,有着很多不科学的古老观念与方法。不少祖辈因为以前带过几个孩子,所以极容易认为自己是“老手”,往往一意孤行。况且,祖辈们受过高等教育的较少,即便接受过教育,也容易固执己见,所以常常会产生不良的影响。

【对祖辈们说的话】

为了孩子的前途与发展,为了将隔代教育的优势充分发挥出来,新时代的祖辈一定要努力提高自身的素质。祖辈们想要教育孩子,首先得不断教育自己。祖辈们想要改变孩子,首先是将自己改变过来。在日常生活中,祖辈们一定要“与时俱进”,勤学习,勤充电,使“文化缺失”的障碍得以突破,采用最科学、最实用的方法,把孩子教育成才,具体措施可以参考下述几点。

用今天的眼光看待今天的孩子

可不可以把孩子教育好,其中最重要的就是教育的观念。如果教育观念不同的话,结果就会存在巨大的差异。所以,新世纪的祖辈们,一定要将现代化的教育观树立起来,看待今天的孩子时,一定要用今天的眼光。在现代教育观念中,有一个重要的思想,即尊重孩子的选择,懂得孩子也具有独立的人格,应当平等地对待孩子,尊重孩子。所以,祖辈们一定要了解孩子的身心发展规律,从而更加科学地对他进行教育。其中最重要的是,一切都以孩子的发展、选择、和谐为中心,一切都以孩子的真正幸福成长为目标。因此,在现代家庭中,祖辈们应该将平等、民主的气氛培养起来,将良好的祖孙关系建立起来,让隔代教育在进行中快乐每个人。

培训上岗,通过各种渠道学习

一般来说,绝大多数祖辈都受过传统文化教育思潮的影响,因此在育儿问题上有必要加强学习,争取做学习型的隔代家长,多接受一些新事物和新的教育方式,如果有必要的话,还可以参加一下“爷爷奶奶培训班”,这样持证上岗,才是新时代的合格祖辈。

大家都应该知道,家庭教育也是一门科学,并且是综合性的,为了更好地育己育人,家长需要不断地进行学习。所以,为了把孩子教育好,祖辈们应时刻用科学的知识把自己武装起来，这样才能将孩子成长发育中各个阶段的特点更好地把握住，也才能正确地把孩子教育好。在日常生活中，祖辈们必须先在头脑中进行一次“早教革命”，这样才能让自己的教育行为与社会发展的步伐相和谐。

因此，祖辈们在日常生活中一定要利用各种先进的渠道进行学习，不仅要参加“爷爷奶奶培训班”，还应通过诸多大众媒体，如报纸、杂志、图书、广播、电视、网络等，对国内外的教育动态进行了解，自学一些和儿童生理、心理及教育相关的知识，使自己的文化知识和育儿智慧得以增强，将科学育儿的原则和方法充分掌握住，从而让自己丰富和充实起来，这样才能使家教水平不断得到提高，并将隔代教育纳入到科学教育的轨道上来。祖辈们一定要做到“活到老，学到老”，这样才能成为一个优秀的祖辈。

专家提示：

祖辈们的年纪比较大，意识相对保守，带孩子比较封闭。祖辈们喜欢用经验代替科学，但把孩子给祖辈们带，也容易将传统的文化、文明行为、优良品德传给孩子。由此可见，让祖辈们带孩子，既有积极的一面，也有消极的一面。

不以自己的生活模式要求孩子

在现实生活中，绝大多数祖辈都喜欢根据自己的生活模式来对孩子进行教育，甚至还会以年长经验丰富而自居，在很多事情上都不会顾及孩子的感受，无视孩子们也有着自己的想法。如果出现问题，则会连连抱怨：“如今的孩子太不听话”“什么事都不和大人说”等。

祖孙之间之所以会出现隔阂，其原因不可全都怪到孩子身上，祖辈也应承担部分的责任。一定要清楚，倘若祖辈们不知道聆听孩子的感受，那么久而久之，孩子必然会拒绝和祖辈进行交流。

今天的社会正在飞速发展，老人的一些思想观念和现实标准存在着一定的差距。一般来说，用成人的眼光去看待孩子的行为，这是祖辈们最容易犯的错误，这样一来，便会无可避免地出现代沟，而在隔代教育中，代沟无疑是最大的障碍。

今年圆圆就要读初中了，为了让圆圆进市里的重点中学，爸爸妈妈决定将圆圆送到外婆家住。圆圆一到外婆家，就将卫生间里面的诸多老式洗浴用品，如肥皂头、香皂头等全部都丢到了垃圾箱中，自己则带来了一套非常时尚的洗浴用品。当外婆到卫生间洗头的时候，见到圆圆五光十色的洗浴用品，一时间竟然不知道应该用哪种。无奈之下，外婆只能顺手将一个半瓶的乳液拿下来，挤了一些出来，抹在自己的头发上。但却没有起泡沫，外婆心想也许是用得太少了，于是又挤了一些出来，这才将头发冲洗干净了。

圆圆放学回家，外婆便向她问洗头液的事情，这时圆圆居然大笑了起来："外婆，你用的是沐浴乳，它怎么可能出泡沫呢？"外婆听说后，也跟着笑了起来，并说道："我的乖外孙女！我说这种洗发剂为什么就不起泡沫呢？"这个时候，圆圆将一个稍微大一点的塑料瓶拿了出来对姥姥说："洗发剂是这个，外婆，你今后一定要记清楚了，再不要用沐浴乳洗头了。"外婆笑了一笑，自嘲地说道："好！现在我总算清楚了。不然的话，我这种老太太也不可能奢侈一把呀，用沐浴乳洗头发，真的很香，不信你可以闻一闻。"哈哈，祖孙二人笑得不亦乐乎！经过这件事，圆圆和外婆的关系亲密了许多，从此之后，祖孙俩常常会一起谈论心事。

事实上，倘若是圆圆的妈妈把日常洗浴用品弄得乱七八糟，外婆一定会非常生气，然而是外孙女圆圆这么做了，所以外婆没有责怪圆圆，并承认自己跟不上时代了。俗话说的隔代亲，基本上就是这样一种情况。要想让孩子尊重自己，祖辈们应该和孩子保持一致的眼光，不以自己的生活模式对孩子进行要求，把孙辈与自己的谈心看成是最开心的事，并尽可能地让孙辈信任自己。

【对祖辈们说的话】

在现实生活中，很多祖辈都喜欢说自己当年怎样怎样……然而，不要忘了，以前的事都已经一去不复返了。今天，孩子们都是在电视与网络年代成长的，已经深深地打上了时代的烙印。作为隔代家长，祖辈们一定要尝试去理解现在的孩子，千万不要在任何事情上都用自己的生活方式去要求孩子。

在日常生活中，一定要充分尊重孩子，祖辈们在和孩子相处的时候，可以采取以下方式。

不要为孩子设计前途模式

孩子的先天条件都是不一样的，无论是在气质、体质或素质上，都存在着极大的区别。在以后的发育成长过程中，因为接触到了不一样的物质环境、心理环境和行为环境，所以会呈现出不同的兴趣走向。因此，任何一个孩子，都有自己独特的成长方式，对于孩子的生活方式，祖辈们最好不要加以干预。倘若孩子的美好前途一味地被你设计，接着再逼孩子妥协，对于孩子本身的素质条件、性格特征、兴趣侧重等，却全然不去理会。那么，这种“前途策划”就会越来越模式化，丧失掉科学性和实用性，最后必然成效不佳。

事实上，祖辈们的第一要务不是为孩子规定什么和限定什么，而是要不断将孩子自身的素质条件、兴趣走向、心理个性等发掘出来，然后再进行正确的引导，这样就行了。

尊重孩子，与孩子建立亲密的关系

一个合格的祖辈，不仅要为孩子提供衣食住行，还应该是孩子的老师和朋友。在祖辈和孩子之间，将良好的关系建立起来，这样才能科学地教育孩子，这样才能帮助孩子健康成长。一定要清楚，任何东西都没有人格尊严重要，孩子也是如此。只有对孩子保持充分的尊重，这样才能和孩子维持真正亲密的关系，孩子也才会把自己的心扉向家长敞开。

专家提示：

在认识思维模式、价值取向标准和行为方式上，孩子们都有自己的一套，祖辈们千万不要把自己的标准强加在孩子身上，不然的话，只会使“代沟”加深，矛盾激化。在和孩子进行交流的时候，祖辈们看问题的时候，一定要站在隔辈人的角度。必须清楚，只有懂得了孩子的心理，你才会进入到他们的世界中，长期的教育也才能发挥应有的作用。

用平等的方式与孩子沟通

相关调查显示，如今有很多家长，如果自己高兴了，就会与孩子一起玩耍或游戏；倘若心里烦，工作忙，则会长期不理孩子，忽略孩子的心灵需求，甚至无视孩子应有的生活照顾。事实上，这种教育方式偏于冷热交替，很难与孩子建立巩固的联系，对孩子的发展和成长也十分不利。

要想成为一个合格的长辈，祖辈们首先要了解孩子的年龄特点。因为孩子的年龄比较小，所以往往会产生和成人不一样的看法。在孩子幼小时，一定要主动带领他和教导他；等孩子慢慢长大，祖辈们则要和他进行商量；再长大一点，祖辈们则要学会请教孩子，主动与孩子交朋友。一定要清楚，祖辈只有采取平等的态度，才能和孩子达到真正的沟通，才能真正对孩子进行了解，才能让教育发挥出应有的效果。

超超刚上一年级，有一天在学校里面，老师对同学们说：我们班要组建一个少先队，哪些人愿意当“队员”，哪些人愿意当“非队员”。就在这个时候，超超居然把手举了起来，说自己要当一个“非队员”。为此，老师后来就没有发展超超进入少先队。没过多久，超超的爷爷无意间听说了这件事，他没有责备超超，而是耐心地询问超超为什么情愿当“非队员”。没想到超超却说：“我认为‘飞’比走要快得多，因此我把手举了起来，想要当一个‘飞队员’。”

在上述案例中，超超的爷爷就做得非常好，他注意到了孩子的年龄特点，并且十分善于和孩子沟通，所以，对于孩子内心最真实的想法，往往不费吹灰之力就可以知道。

曾经有一个隔代家庭，很多年以来，一直都在开家庭民主会，取得了非常好的效果。每逢星期六，祖辈们就会在孩子的旁边督促，让他复习一遍这周的功课。之后，再把全家的衣服洗干净，将屋子打扫好。接着，全家人就会坐在桌子旁边，相互交换自己的意见，纷纷把这一周的想法和感受说出来，祖辈和孙辈之间，总是其乐融融地相处着。

如果家庭教育比较民主的话，将十分有利于孩子的成长，而一个民主家庭，平等、尊重、和谐就是其最显著的特征，作为隔代家长，祖辈们一定要充分利用自己丰富的人生经验，用平和的心态，将几代人之间的心灵沟通做好，尽可能地把祖辈和子辈、孙辈之间的关系处理好。一旦形成了民主、和谐的家庭关系，就可以为孩子营造一个教育与爱兼备的家庭环境，不仅可以帮助他健康成长，而且会丰富他的生活情趣。

【对祖辈们说的话】

祖辈在和孩子沟通的时候，一定要采取平等的态度，多和孩子聊一些生活的看法和日常见闻，准许孩子把自己的欢乐和苦衷说出来。如此一来，孩子才会觉得自己是被人理解的，被人尊重的。事实上，每个人在自己被尊重、被理解、被宽容的时候，即便是非常叛逆或天真的孩子，也会因此而变得欣喜欢跃起来。为了和孩子进行良好的沟通，祖辈们可以采用以下几种方式。

以孩子所想为想，以孩子之心为心

对待孩子时，祖辈们应采取同情和理解的态度，同时还要适时地给以亲情上的慰藉。比如说，如果孩子在外面受到了屈辱，或者是和好朋友或心爱的宠物分开了，那么在这个时候，祖辈们一定要学会理解孩子内心的感受，并能够给予适当的态度。倘若祖辈们只是一味地告诉他没有什么大不了的，根本就没必要难过，那么，孩子就会打心眼里觉得你根本无法体会到他内心的感受，这个时候，孩子的心里就会变得更不痛快；倘若你可以理解孩子，则会出现截然不同的效果。所以在与孩子说话的时候，一定要仔细地听完他的话，尽可能地了解他的想法和立场，并时刻注意他的反应和态度。

认真回答孩子的问话

孩子提出问题的时候，祖辈们一定要先了解孩子说的真正含义，并有针对性地做出回答。比如，孩子说："爷爷，你到不到超市去呢？"这个时候，爷爷可以这样回答："可以啊！你是不是要一起去呢？"孩子听了，一定会非常高兴。事实上，孩子之所以提这个问题，其真正用意是这样的：爷爷，我想到超市去，你可以带我去吗？倘若你无法理解透这句话，孩子就会很不高兴，沟通自然而然也就会出现障碍。

所以，一旦面临“代沟”时，只要祖辈们可以明智地表示出理解和宽容，那么就可以顺利跨过隔代的思想“沟壑”了。面对祖辈们亲切的理解，孩子就会非常乐意地将自己的意见与感受向祖辈讲出来，只有这样，祖孙之间才能够融洽地相处在一起，才能一起营造出一个民主和谐的隔代家庭。

然而，在实行民主的过程中，祖辈们还有必要注意下述几点：了解孩子的发展，尽量不要说一些他不能理解的话，或是向他提出无法达到的要求，这样只会让他觉得很辛苦，压力山大；对孩子说话时，不要用带有负面意义的语气，如指挥、命令、警告、责备、拒绝等，务必要防止用“你真傻”“我警告你……”“我命令你……”“你最好赶快……”“你太让我失望了”等口语。

专家提示：

祖辈们应多和孩子进行亲密接触，认真观察他的语言和行为，从而了解他的想法、喜好以及内在需要。为了和孩子进行良好的沟通，最好是将自己也化身为孩子，这样更有利于进入到孩子的世界中，与他打成一片。

学会解读孩子的“新新语言”

今天的网络时代，给孩子们创造了一个全新的世界。孩子们热爱网络，有的甚至会将网络看成是生活中不可缺少的组成部分。网络世界中往往会产生很多的“新新语言”，孩子们说起来也是一套一套的。可是祖辈们听到这些语言，往往会丈二和尚摸不着头脑，甚至因为不理解，还会对孩子产生误解。

事实上，网络上产生的这些“新新语言”，不少祖辈以及很多语言专家都持否定的态度。确实，现在网络语言肆意横行，对正统语言造成了很大的冲击，然而怎样减少网络语言的影响，这种事情主要是留给语言学家做的，祖辈们需要做的，则是尽可能地理解这些网络“新新语言”，这样有助于加强祖孙两代之间的亲密关系。

最近，宋女士扯了刚装半年的网线，因为这件事，上初二的伟伟正在和她闹别扭，认为奶奶“既‘LT’（老土），又‘DC’（独裁）”。事实上，宋女士之所以生气，主要是因为孙子喜欢在网上聊天，聊完之后，一张嘴就是满口的“新新语言”，每次都让宋女士感到一头雾水，和儿子交流都变成了一个难题。

有一次，家里包了饺子，但伟伟一个也不吃，伟伟说：“我‘稀饭’（喜欢）KFC，‘酱紫’（这样），我一会儿和同学去外面‘米西’（吃饭）。”宋女士让伟伟背英语，可是伟伟头也不抬地说：“我再看一会儿电影，千万‘8147’（不要生气）。”伟伟说话的时候，宋女士只能干瞪眼儿，根本就听不懂说的是什么，伟伟还常常哧哧地笑，并且对奶奶说“矮扶了油”（I 服了 YOU）。

宋女士认为伟伟没有学会正经的东西，倒是把一些别人听不懂的话学会了，天天研究这个，怎么可能专心学习呢？

事实上，新新语言并非洪水猛兽，祖辈们也并不是无法理解，只要稍加学习，就能够打开一条和孩子沟通的渠道。

【对祖辈们说的话】

对于祖辈，绝大多数网络语言并不是很难理解，很多网络语言甚至还充分地将孩子狡黠的小智慧表现了出来。因此，祖辈们没有必要将新新语言看作是天书，认为自己永远无法理解，只要清楚了它们的来源，祖辈们也照样可以做个语言达人。

由传统词语改造，或被赋予新的含义

在网络上的新新语言中，绝大多数词语都是由传统词语改造过来的，有的则具备了新的含义。比如说，孩子们嘴里经常会说“美眉”，其实也就是美女的意思。不少祖辈也许无法理解，事实上这只是一种简单的借代，它用漂亮的眉毛来指代美丽的女郎。

还有一些网络用语，则充分运用了传统词语中的民俗语言。比如说，孩子们一般都会将初学者称之为“菜鸟”，把那些熟练掌握某种事物的人称之为“老鸟”。事实上，这些词都不存在贬义，“菜鸟”有一种戏谑的意思，而“老鸟”则表示出了一层尊敬。因此，倘若孩子什么时候称呼您为“老鸟”，您切不可生气，这其实是一种满怀尊敬的“新新语言”！

如今，孩子们还喜欢将“东西”称之为“东东”，很多时候甚至还会故意使用叠字,以便把自己的可爱充分表示出来,这也是孩子的一种生活方式,为的是缅怀没有压力的幼年生活。祖辈们如果听到了这一类的词,没必要表现出紧张的情绪。

英语谐音词,汉语拼音和英词词组缩写

现在,英语的谐音词,汉语拼音的缩写以及英语词组的缩写可谓是大行其道。要求祖辈们理解英文缩写,这的确存在着一些困难,然而对于上小学的孩子,还是会使用汉语拼音的缩写,如"GG"、"MM",分别是"哥哥"、"妹妹"的意思。在网络世界中,网民一般都会用"GG"、"MM"称呼别人,或者是称呼自己,对于虚拟的网络,这样也可以增添很多温馨的气息。

用数字或表情符号传情达意

现在的很多孩子,还喜欢用数字或表情符号传情达意。之所以要如此做,主要是因为数字或符号要比打汉字简洁方便得多。比如"7456",意思就是"气死我了"。祖辈们把这个多念几遍,就可以将孩子们的智慧领悟出来。类似的还有"886",意思就是"拜拜了"。另外,孩子们喜欢使用表情符号将自己的意思表达出来,比如"@@",指代"好奇的眼光";"ˇOˇ",指代"可爱的小猪"等。孩子们从小就是看着卡通漫画长大的,对于他们而言,这些表情不仅看起来活泼可爱,而且十分符合孩子的心理。

专家提示:

对于新新语言,祖辈们应该把它们当成了解孩子的桥梁。一旦把这些语言掌握了,祖辈们就可以更有效地将自己和孩子之间的距离拉近,"代沟"也可以得到有效的弥合。此外,学习新新语言,还可以培养孩子的语言能力,并让自己的生活平添几分活力。

第九章

常带孩子出门，呼吸新鲜空气

祖辈们的活动范围十分有限，容易圈养孩子，而让他们养成孤僻的性格。经常带孩子出门，呼吸新鲜空气，更能让他们跟上同龄人的节奏，性格变得活泼开朗。某些祖辈不喜欢孩子出门，担心受伤，然而孩子有他们未来需要面对的事情，倘若从未到外面冒险，不仅会影响孩子的思维，还会令其滞后于社会的发展。

让害羞的孩子勇敢起来

做事情需要他们陪伴，害怕见到陌生人，说话声音小，喜欢脸红、低头等，这些都是孩子害羞的主要表现。导致孩子害羞的原因有很多种，祖辈们一定要深入了解孩子，对于孩子害羞的真正原因一定要充分认识清楚，并且有针对性地给予帮助。

在现实生活中，如果稍加认真，我们不难发现一些十分害羞的孩子。在人多的场合下，这些孩子往往不敢发言、讲话、朗读、表演等，只要是在大庭广众之下活动，他们就会脸红心跳，和陌生人打招呼时，也是手足无措、局促不安，只固守在自己的那个小圈子中，除了和熟人接触一下，基本上都是把自己封闭起来。然而，现代社会是一个开放的社会，人际交往变得越来越广泛和频繁。十分明显，害羞的孩子很难融入这种社会生活之中，作为祖辈，应尽量帮助孩子，让他们克服害羞心理。

楠楠是一个非常害羞的小女孩，即便已经4岁了，遇到了亲戚朋友也从来不会主动叫人。在日常生活中，楠楠很少和别的孩子一起玩耍，一旦看到陌生人，会迅速躲到奶奶的身后。

有一天，大伯带着堂弟到楠楠家玩，见到大伯，楠楠居然没有主动打招呼。大伯和楠楠说话，问她一句，她才答一句。奶奶对楠楠说："你背几首唐诗给大伯听一下。"楠楠的小脸居然一下子涨得通红，她把头低下，脸也扭到一边去了，等了一段时间，还是没有开始背。大伯想鼓励楠楠，于是对她说："听奶奶说，我们的楠楠可以背很多首唐诗哩！还背得一字不错，我真想见识一下，你背给我听一下吧？"听了大伯的话，楠楠才开始背起来，可是背着背着，楠楠变得越来越紧张了，声音越压越低，背到最后一句，大伯居然连一个字也没听出来。

很多时候，只要楠楠和小区里的小伙伴玩耍，她总是对别的小朋友唯唯诺诺，即便游戏规则不公平，或者其他的小朋友不遵守游戏规则，楠楠也不会反抗，对于自己心里的不满，她从来就没有表现出来过。

曾经有一位心理学家说过：有成绩的时候，没有得到奖励，以及没有成绩时遭受惩罚的孩子,往往是最容易害羞的。这句话意味着,教育对害羞心理的形成有着十分重要的作用。此外,还有一位心理学家说:倘若孩子的家长比较开朗,善于交际,常常出现在人多的场合,那么他们的孩子则不易害羞,也比较善于和人交往。这句话充分地说明,对于孩子害羞心理的形成,家庭与环境也有着十分重大的影响。既然造成孩子怕羞心理的主要原因是环境和教育,那么要想帮助孩子克服害羞心理,也应该从改变环境和教育方法上入手。

【对祖辈们说的话】

事实上,害羞的性格对于孩子的成长并不好,它极容易使孩子的交际与适应能力受限。要想帮助孩子找回自信,祖辈们可以从以下几个方面入手,相信他们一定会越来越勇敢。

要帮助孩子树立自信心

害羞的孩子,自信心不足是其最大的心理问题,对于自己的缺点往往过分注意。所以,祖辈们一定要及时教育孩子,开导他们不要紧张,要多想一下自己的长处,坚信自己不会逊于别人,坚信自己也是一个有能力、并对社会有贡献的人。一旦自信心培养起来,孩子就敢在大庭广众之下表现自己了,对于诸多集体活动,他也会积极参加。

告诉孩子不要害怕别人的议论

如果对那些害怕在大庭广众之下讲话、羞于和人打交道的孩子进行一番仔细的分析,我们不难发现,他们害羞的原因主要是担心会得到他人否定性的评价。并且,孩子越是怕羞,就越容易害怕,以此形成一种恶性循环。祖辈们应该告诉孩子,别人进行评论,这是再正常不过的一件事情,根本不需要过分看重。祖辈们还可以给孩子讲一些名人逸事,虽然他们被别人批评和否定得很厉害,然而他们还是处乱不惊地出头露面,情绪并不被这些批评的声音影响。此外,祖辈们还应该教导孩子,这些否定性的评价,可以变成激励自己更加努力的动力,不断地推动自己,帮助自己更加迅猛地前进。比如说,美国总统林肯在年轻的时候,演说到一半就被人轰下台去了,可是他并不灰心丧气,继续发愤努力,终于成为一个成功的演说家。

对孩子进行心理调适

祖辈们可以先让孩子在熟人的范围内多多活动、多多发言,慢慢再让他到熟人多、生人少的范围内活动、发言,最后再在生人多、熟人少的场合进行练习,循序渐进,慢慢学会修正自己的羞怯心理。此外,祖辈们还必须注意,如果带孩子去一个新的场合活动,那么在此之前,一定要做好充分的准备,这样才会有备无患。孩子一旦取得成功后,自信心就会成倍增加,锻炼勇气的自觉性也会持续提高,原本的怕羞心理则会慢慢地消除掉。

专家提示:

祖辈们可以经常带孩子参加一些小朋友的活动,事后,再对那些开朗、大方、惹人喜爱的孩子进行分析,并且对孩子说,那些孩子的能力、水平其实与你没什么两样,你没有必要害羞,让孩子慢慢懂得害羞其实是一种毫无必要和意义的负担,务必要及早将其抛掉。

允许孩子“闲游”,促其成长

祖辈们对于孩子的爱,通常都是天然而美好的,可是爱也须讲究方法,如果爱得过度的话,那么就有可能给孩子造成一定的负担。反之,如果给孩子一定的空间,就可以让他们成长得更好。在温室里内,有生命力的花朵不可能长出来,而郊野路旁的小花,似乎更加生动迷人。所以,祖辈们最好还是不要在孩子的周围嘘寒问暖。

在孩子的心目中,所谓的好日子,就是有一个宽松和谐的成长空间。如今的家庭一般都只有一个孩子,祖辈们盯得很紧,学校也盯得紧,对于自己想做的事情,孩子们往往做不了,久而久之,自然会觉得没意思。一个没有空间的人,最容易感到疲累。试问倘若很多人盯着你,你会不会感到累呢?

爷爷想让延延学钢琴,于是自己做主给他报了钢琴班,可是,延延怎么也不想去学钢琴。爷爷看到延延如此不听话,硬逼着他去钢琴学校。延延在学校里表现不好,说自己不喜欢弹钢琴,爷爷听了,顿时火冒三丈,随即责骂起延延来。等爷爷心平气和之后,又开始说起了道理,说什么一旦有了特长,考大学就容易了,可以加50分！延延平时总是对周围的小朋友说:“我恨死钢琴了,就是因为学钢琴,我不知挨了多少打骂。我坐在钢琴前非常难受,就像坐在电椅上一样。”

小朋友就问延延:“那你到底喜欢干什么呢?”

“我爱足球,我小叔给我买了一个足球,可是只玩了三天,爷爷就把它收起来了。爷爷每天都监视着我,只要我踏出活动范围,他就会禁止。”

延延的生活与快乐已经被爷爷挤压在了一个小小的空间中,幸福感压根儿无从谈起。延延想到这些,总是非常难过,那种以前和小朋友一起踢足球的好日子,不知要到什么时候才可以回来?

作为祖辈,给孩子快乐的童年比什么都重要,因为它是孩子人生的基石。

【对祖辈们说的话】

要想建构和谐的社会,少不了一个宽松和谐的空间。孩子之所以不快乐,就是因为他们远离了大自然。如今,很多祖辈心中的好学生,就是从小便认认真真坐在课桌前写作业的孩子。家长把孩子的一切都包办了,留给孩子的就是不用动脑,无事可做;家长乐此不疲,保持着饱满的情绪,而孩子早就已经丧失了兴趣,只静静站在一边“旁观”。祖辈们过度照顾孩子,过分溺爱孩子,事实上,只是在伤害孩子。

给孩子提供认识真实生活的机会

作为祖辈,应尽可能地给孩子提供认识真实生活的机会,最好少使用那些虚拟的事物。倘若能让孩子见识到真实的猴子,孩子也就不用再去看图画中的“猴子”了。祖辈应该抽出时间,多带孩子到大自然去,让他们感受各种场景的变化,感受真实的客观事物。孩子看得多了,见识广了,自然而然会变得智力高超。

多带孩子到大自然中去

鱼儿无法离开水,小鸟无法离开天空,青草无法离开大地,孩子则无法离开大自然。这里所说的大自然,主要是指自然环境和自然规律,只有大胆地将孩子送到大自然中去,孩子才会变得更加有生命力,更像一个活泼的天使。因此,今天的隔代家长,一定要抽出时间多带孩子到大自然中玩耍,帮助他们打开眼界,这样他们才会走得更远。

专家提示:

现在,孩子们在学习上最愁的一件事就是自己不会写作文。一碰上写作文,脑袋就马上短路了。我做的一件好事——这是小学生一个作文题,大概有70%孩子都写的是捡钱包。孩子们思维之所以如此狭隘,就是因为他们没有进行“闲游”,没有深入到大自然中去。

经常带孩子参加户外活动

绝大多数孩子看到家里有人出门,就会立即想要一起出门。某些孩子哭闹的时候,只要祖辈们说要出门,他就会马上安静下来,会很乖地任凭祖辈给他穿衣服或是喂奶等,等一切都结束的时候。他就会张开双臂,等待祖辈们兑现诺言。

孩子十分喜欢到户外玩耍,因为他非常喜欢户外清新的空气、绿色的树、蓝天、白云、流水、青草和花朵等。并且在户外可以遇上各种人,不仅可以扩大视野,还能获得不同的乐趣。

一旦到了户外,孩子就会表现得非常兴奋,蹒跚着步伐,却十分雀跃,嘴里还会叽里咕噜说个没完,同时还会不断东瞧瞧西望望,忙得不亦乐乎。倘若遇到其他的孩子,他们就会不停地“呀呀”乱叫,就像是在相互交流感想。

为了培养孩子的交际能力,祖辈们应该经常带孩子到户外活动。不管是大街上还是公园里,总会看到很多大人和孩子。大人对于孩子有天生的好感,孩子相互之间也没有距离感,因此很容易凑在一起说笑。这样,孩子经常见到很多陌生人,就不容易怯生,还能增强人际交往能力,心情也会十分愉快,容易形成乐观开朗的性格。

在公园或是街道上,有很多来往的车辆,偶尔飞机还会从头顶上飞过。对于这些会动的“大玩具”,孩子一般都非常感兴趣,总是会盯着车辆或是天上飞过的飞机,观察很长一段时间,直到看不到了才扭过头。

当孩子看到不同种类的花草时，往往也会惊喜万分。祖辈们在带孩子出门的时候，可以一边指给孩子看，一边告诉孩子这是什么花，那个什么草。这样一来，不仅可以培养孩子对事物的认知，还能使孩子的眼界得到开阔，十分有助于孩子智力的发展。

在家中，孩子的活动范围一般都非常有限，见到的人也无非是家里那几个，然而，一旦走出家门，孩子就好像是一只井底之蛙跳到了井外一样，能够看到广阔的天地，碰上各种各样的人，孩子也会异常兴奋。

事实上，在孩子8个月的时候，就已经知道要东西了，会缠着祖辈们要他所看到的好玩的、好吃的东西，如果不给的话，他就会大哭起来。孩子之所以喜欢出门，原因之一是街上商店很多，玩具店也很多，孩子自然就高兴。

祖辈们带孩子出门时，应该选择天气好阳光充足的日子，这样不仅能够开阔孩子的眼界，陶冶孩子的情操，还可以帮助孩子形成乐观开朗的性格。经常在户外晒阳光的话，可以起到杀菌作用，从而使孩子的免疫力得到增强，同时，多晒太阳还能促进维生素D的转化，促进对钙、磷的吸收，对孩子的身体健康非常有帮助。需要注意的是在炎热的夏天出门的时候，务必要给孩子做好防晒工作，尽可能地防止太阳直射。

【对祖辈们说的话】

一般来说，不同年龄段的孩子，有着不一样的成长特点，因此孩子的户外活动，也必须与其年龄特点相符合。通过对各个年龄段的孩子不同的生理、心理及动作特点进行分析，有关专家总结出了不同年龄的孩子适合的户外活动方式，祖辈们可以参考。

0～1岁的孩子

这一阶段的孩子正处在第一个生长突增高峰期，各方面的感觉，如视觉、听觉、嗅觉、触觉等，都在快速地发展。因此，以各种感觉器官的刺激为主的活动，特别适合于他们，比如说，触摸各类物体、听大自然声音、注意运动的物体、观察不同的形状和颜色等。采取晒太阳、外出逛公园等方式，可以实现这些活动。

1～3岁的孩子

这一阶段的孩子，身体的增长速度有所减缓，而思维能力则得到了迅速的发展。倾向于精细动作、手眼配合等方面的活动,比较适宜于他们,比如说走、跑、跳跃、扔球、投沙袋和上下台阶等,此外,还有很多游戏,如踢球、捡树叶、玩沙子、拉着小狗走等。

3 ~6 岁的孩子

这一阶段的孩子,生长速度平稳了许多,各个系统的发展比较协调,而情商则得到了快速的发展。需要注重情感认知与社交培养方面的活动,这些都比较适合于他们,比如说,和小伙伴一起玩跳绳、跳皮筋、丢手绢、滚铁圈、老鹰抓小鸡等游戏。

6 ~9 岁的孩子

这一阶段的孩子,在注意力、观察力、记忆力等方面,都获得了全面的发展,好奇心十分强烈,逻辑推理能力得到了大大的提高。注重培养遵守规则与团队合作等方面活动,这些都比较适合于他们,如拍手操、模仿操、队列练习,以及各种球类游戏等。

9 ~12 岁的孩子

这一阶段的孩子,马上就要进入青春期了,因此心理特点比较复杂,情感需求开始变强,情绪波动越来越多,兴趣特点也慢慢明确起来了。需要注重增长见识和学习技能方面的活动,这些都特别适合于他们,如划船、越野、武术、游泳、舞蹈、摄影写生、野营野炊等。

专家提示:

孩子之所以喜欢出门,其实也是因为对未知世界有一种好奇心和探索欲望,祖辈们应尽可能地满足孩子外出的要求。然而,在炎热夏天或寒冷冬季,一定要给孩子做好防暑防寒措施。进行户外活动的时候,一定要让孩子多和其他的孩子接触,多让孩子和别的孩子一起玩耍,从而让孩子学会与人交往的艺术,培养健康的心理。

不要斥责淘气的孩子

根据许多孩子的成长经历,人们总结出了一句话:“淘气的小子是好的,淘气的姑娘是巧的。”从这个意义上而言，淘气是孩子的“天性”，淘气是孩子探索周围事物的一种表现。一个淘气的孩子，必然是一个精力旺盛、健康活泼、情绪积极的孩子。孩子之所以淘气，很多时候都是因为一种好奇心和求知欲。

事实上，孩子的淘气，从他们可以爬行时就开始了。孩子爬到哪里，就证明他对哪里有好奇心。孩子喜欢将看到的、摸到的东西放入自己的嘴中。常会弄翻废纸篓，将里面的东西搞得四处皆是，甚至还会放入嘴中，祖辈们看到了，不得不说出“不行”、“不要这样做”一类的话。

一旦孩子干坏事，祖辈们一般都喜欢使用斥责一类的教育方法。所以，对于孩子的淘气是不是一件坏事这个问题，祖辈们有必要认真思考一下。事实上，对于孩子而言，淘气是好奇心的表现，是一种不算坏的行为，最好不要横加斥责。然而，如果孩子将不干净的东西放进嘴中，那么祖辈们就应明确地对他说：“那个东西不可以吃！”

凡凡两岁半了，是一个非常淘气的孩子，奶奶为此一度很头疼。

有一次，凡凡一边吃着饼干，一边将饼干捏碎撒在床上。奶奶看到凡凡这样放肆，斥责他说：“这么好的饼干，你为什么要把它弄碎撒在床上呢？你清不清楚这样做是一种极大的浪费，并且不容易收拾？”凡凡总是装出一副不理不睬的样子，就像是没听见一般。之后，凡凡更加放肆了，不脱鞋就往床上扑去，耍起了赖皮。奶奶看到心里更加恼火了：“已经跟你说过很多次了，在床上的时候，一定要把鞋子脱了，你这样做，好不容易洗干净的床单又被你弄脏了。”说完，奶奶一把就将凡凡从床上拉了下来。

凡凡往客厅跑去了，在茶几上，他看到了一盒餐巾纸，抽了一张，第二张也跟着露了出来。于是凡凡一张一张往外面抽餐巾纸，他玩得越来越兴奋。奶奶清理好饼干渣和床单，来到客厅，发现餐巾纸像雪片一样散落在地上。

对于孩子而言，水往往也是一种十分重要的玩耍工具。在洗手的时候，孩子的兴趣全部在玩水上面了，至于能不能把手洗干净，这倒变得次要了。因此，孩子常常会在水龙头的旁边转来转去，不断地伸出手指堵水、玩肥皂等。而一旦满了4岁，孩子的这种淘气也就会逐渐消失。因此，祖辈们千万不要斥责孩子，最好是让其按照这个过程发展。

【对祖辈们说的话】

因为淘气，孩子把重要的东西损坏了，这个时候，祖辈们应该怎么办呢？事实上，在孩子的观念中，压根儿不知道什么是重要的，什么是不重要的。对于好奇心强烈的孩子来说，纵然跟他说"不准摆弄"，他也会照样淘气下去。因此，最重要的还是祖辈们要在管理上进一步加强，在孩子看不到、拿不着的地方，把这些东西放置好。祖辈们务必要清楚，3岁左右，这往往是孩子最淘气的年龄。因此，祖辈们即便怎样忍耐，也到等到孩子3岁之后，一旦过了3岁，孩子的淘气就会慢慢消失了。

3~4岁的孩子早送幼儿园

让孩子淘气地玩耍，对培养他们的自发性与意志有着十分重要的作用。允许孩子淘气，这样可以顺利发展他们的自发性。对于情绪稳定的孩子来说，在3~4岁的时候，一般都特别需要朋友，急切地想与小朋友一起玩。因此，孩子在3岁的时候，就应该送进幼儿园。慢慢地，孩子开始适应了幼儿园的生活，到4岁的时候，他们便会尽情地与小朋友一起玩耍。在这种小朋友的相互玩耍中，就充满了很多孩子式的淘气。比如说，喜欢围堵起雨后的水，把雨靴穿上，尽情地和泥；在院子里面挖一个小洞，用泥把各种玩意儿捏出来；将水往沙池中引，进行各种力学性的游戏。

提供条件，让孩子尽情淘气

孩子淘气，总是让祖辈们苦不堪言，所以，祖辈们也会想方设法让孩子不再淘气。然而，倘若过度限制，让孩子一点都不可以淘气的话，那么孩子的天性就会被扼杀。因此，当孩子淘气时，祖辈们要视情况而定，可以适当地提供条件，支持孩子尽情地淘气一番，这对他们反而很有好处。

抓住孩子淘气的契机，让孩子学到知识

在孩子的淘气中，我们可以发现很多的教育契机，祖辈们应该抓住这些机会对孩子进行教导，这样不仅可以让孩子明白一些道理，还能让他们学到一定的知识。孩子淘气时，祖辈们切忌不可发火，一定要学会既满足孩子的探索兴趣，又让孩子获得相关的知识。

调教孩子有意识的破坏行为

某些孩子淘气，往往是故意为之的，并且有着很强的破坏性和危险性。对于这种行为，祖辈们不可以听之任之，任其放肆，必须对孩子进行严格教育，使他的淘气行为更改过来。

祖辈们一味放任孩子的淘气，那么他的淘气行为就会演变为有意识的破坏行为。在这个时候，如果祖辈们及时给予教育，孩子还是可以改正过来的。

专家提示：

孩子之所以淘气，其实是一种自发性意识的表现。一定程度的放手，允许孩子淘气，这样可以让他们的意志变得更加坚强。淘气的孩子总是生机勃勃的，而老实的孩子往往只能呆呆地木在那里，他不知道自己应该去做什么。对于孩子的自发性的发育和成长来说，淘气是大有裨益的。

孩子太乖，祖辈也要警惕

祖辈们因为年龄比较大，不喜欢运动，所以习惯安静地待在家里，对孩子的要求往往也一样，认为乖巧、听话，不进行破坏性的活动，就是一个好孩子。让孩子吃好睡好，这样他就会有一个好的身体。事实上，这种观念是不正确的。孩子太乖，祖辈们也必须警惕。

通常而言，3 ~6 岁的孩子处在身心发育的重要时期，在这个阶段，各种能力都发展得比较快。这一时期，游戏是孩子主要的活动方式，他们热衷于寻找玩伴，喜欢模仿，爱好探索，对任何事情都抱有一种好奇心。在游戏的过程中，他们的观察力、想象力、理解力、记忆力可以得到充分的发展。即便是听话的孩子，也同样有活泼好动、精力充沛的表现。

有些孩子天生的气质就是同情心比较强，自己的主见比较少，这样的孩子也能成才，现在的社会需要多种形式的人才，如配合型人才。并不是每个孩子都要培养成管理者的，最重要的是他能不能活出最好的自己。如果一个孩子乖得很自在，在迎合别人的同时没感到自己受委屈，甚至是快乐的，那是没问题的;如果孩子总是让自己受委屈去迎合别人,那就有问题了。一些孩子小时候很顺从大人的意愿,但长大后可能会不愿意继续保持自己的这种形象,就会觉得自己很委屈,而出现问题。

诚诚本来是一个非常顽皮的小男孩,对于他调皮捣蛋的行为,爸爸妈妈总是听之任之的态度。在一个寒假,诚诚被送到了外公外婆的家中,自此便开始受到了严格的管束。过年的时候,外公外婆给诚诚买了一件小礼物——一辆小汽车,并且要求诚诚只能在家里的客厅开着转圈。刚开始的时候,诚诚想跑到楼下的小区去,让小朋友旁观一下,开开遥控小汽车风光风光,可外婆说:“外面太冷了,而且小区有很多来来去去的车子,不安全,还是留在家里吧!”

诚诚把小汽车拆开来,看一下里面究竟是怎样的结构。这个时候,外公发话了:“好好的一辆小汽车,为什么要拆开呢?如果拆坏了,可是没人再给你买了。”

倏忽之间,一个寒假就过去了,对于外公外婆的管束,诚诚逐渐习惯了,每天都一副小乖孩的样子,不是待在家里看动画片,就是在房子里玩玩具。爸爸去接诚诚的时候,就觉得有些奇怪,人虽然长胖了不少,可不怎么爱动了,弱不禁风的样子,就像一个小女孩一样。

像诚诚这样的孩子,因为被管束太过,可能产生了某种生理抑制。和多动症相反,很多神经、精神发育迟缓的孩子一般都不容易被发现。他们有一系列的特征,如对任何一种事物都是漠不关心的,平时少言寡语,不合群,不喜欢活动等。对于这种情况,有必要到医院进行检查,看看有没有出现器质性病变,倘若没有出现器质性病变,还可以找心理医生咨询一下。

【对祖辈们说的话】

太乖的孩子,有一个常见的特点,就是即便有问题,也提不出来,或者不敢提,你说往东,他就往东,你说往西,他就往西,即便心里有一肚子的不满意,也会服从别人的想法,强制自己适应下来。尤其是对于长辈,不管是对的还是错的,都没有胆量与其进行辩论,因为在他们心中,已经有一种定式形成了,即自己要做一个听话的好孩子。

让孩子自由成长,并给予一定指导

倘若祖辈们想防止孩子过于乖巧和顺从,就应该让他们自由成长,并多多给予指导。对于太乖的孩子,祖辈们应该多询问一下孩子的意见,尽可能少否定孩子。对于过于顺从的孩子,祖辈们则应该注意培养他们的主动性和创造性。

扮演"引路人"的角色

在教育孩子的时候,祖辈们一定要清楚:自己所在的位置并不是高高在上的,不可能随意地支配和操纵孩子,祖辈们扮演的主要还是一个"引路人"的角色,对于孩子作为一个人的尊严一定要充分尊重。孩子的叛逆,这是每个人都必须经历的一段过程,就和毛毛虫一样,如果不破茧而出,就不可能变成美丽的蝴蝶。但是,对待自己孩子的叛逆,很多祖辈就无法像对待毛毛虫那般宽容了。祖辈们一定要学会同情孩子的挣扎,期待他的成长。

建立祖孙间紧密的联系

在隔代教育中,对于孩子们的想法和需要,祖辈们应该不断地进行鼓励,不可忽视。不管什么时候,一旦孩子哭闹或缠着大人,要大人抱了,或者当街耍赖,祖辈们都不应该打骂,而应该心平气和地对他说:"如果你想要什么,那么就大声地告诉爷爷和奶奶,比如说肚子饿了、想要有个朋友、想要大人抱一下,等等。"有些孩子天生就有一股好奇心,对于周遭的一切,他都充满着兴趣,想要把全世界都探索遍。祖辈们应该抓住这个机会,帮助孩子认识整个世界,把祖孙间紧密的联系建立起来,使孩子的信赖感得以产生。

学习新经验,接受现代育儿方式

孩子太乖了未必是一件好事,如果有一点小小的"叛逆",反而更容易让孩子独立起来。新一代的育儿教育更希望孩子有好奇心,有创造性,爱探索,做个"野孩子",不当"乖宝宝",因此祖辈们有必要学习科学养育孩子的新经验,接受现代的育儿方式。

专家提示:

小孩子乖,不成为问题,乖到没有主见才成为问题;小孩子跳,也不成为问题，跳到不跟人配合才成为问题。祖辈教育孩子，一定要把握好“度”。倘若一个孩子十分顺从，喜欢配合别人，但当他在独立做一件事情时，仍会有自己的主见，那么这样的“乖”便不是问题。

让孩子多结交外面的朋友

就如同一个陌生的环境一样，与人的交往，也会让孩子产生强烈的好奇心。让孩子多结交外面的朋友，这样才能使他尽早成熟起来。当孩子到了一定岁数的时候，探索便开始占据他一大半的思维，对于任何的人事物，他都会有一种强烈的好奇心，因此，祖辈们一定要积极鼓励孩子结交其他小朋友。

帮助孩子建立良好的人际交往关系，不仅可以让孩子结识到更多的朋友，而且能让他在学习上的精力更加集中，最重要的一点则是让他变得更有自信心，心理也更加健康。所以，帮助孩子多结识外面的朋友，这也是祖辈们的职责。

锋锋快两岁了。奶奶看着锋锋慢慢长大，心里不知道有多高兴。每次奶奶一说要出门，锋锋就表现出一副兴冲冲的样子，并以最快的速度戴上自己的帽子，顺手拿上一个小包。这个时候，奶奶忽然感到，锋锋太孤单了，没有一个小朋友，他太需要与小伙伴们一起玩耍了。于是，奶奶打算帮助锋锋结识小伙伴。

刚开始，奶奶主要在他们居住的小区寻找，因为在小区里面，有很多不同年龄段的孩子。有空的时候，奶奶会经常带着锋锋到小区走走，这不仅可以让奶奶自己的视野得到开阔，还可以让锋锋认识一些同龄的小朋友。

没过多久，锋锋就和小区里面的其他小朋友玩熟了。当午后的阳光斜射在身上，他们仍在玩着自己所钟爱的游戏。奶奶看到此情此景，知道锋锋又结识了几位好伙伴，并且学会了和他人分享快乐，不禁心升暖意。

现在的孩子大部分都是独生子女，整天都被独门高墙围困着，难免会很孤独。所以，祖辈们一定要帮助自己的孩子多多结识外面的朋友，从而让他们可以更加健康快乐地成长。

【对祖辈们说的话】

结交朋友，是孩子认识社会的一种需要。如果孩子不会交朋友，那么孩子就会变得孤僻，不会与人沟通，继而不能适应社会。所以，作为祖辈，在孩子还没结交朋友之前，就要主动地帮孩子创造结交朋友的机会，多带孩子去找小朋友玩。如果孩子的朋友多了，那就要教孩子怎样处理好与小朋友间的关系。

培养兴趣广泛的孩子

相对而言，那些兴趣广泛的孩子，更容易受到他们的欢迎。比如说，某些孩子善于游戏，那么在游戏活动中，他就可以结识到很多的朋友；某些孩子喜欢唱歌，那么经常参加联欢会，他也可以认识到很多有相同爱好的孩子。因此，培养孩子的兴趣，可以有效地帮助他们交朋友。

多给孩子与人交往的机会

在现实生活中，某些孩子在自己家中说个不停，可是一旦到外面，就变得拘谨、胆小起来，任何事情都不敢去做。对此，祖辈们一定要多提供孩子与人交往的机会。比如说，来到一个陌生的环境中，祖辈们就应该尽可能地提供机会，让孩子自己去应付交往中的一切“情况”。倘若家里来了客人，祖辈们则可以让孩子倒茶、接待等。倘若孩子邀请自己的小朋友到家里玩，那么祖辈们则可以让孩子做一回小主人，切不可为他包办代替。

让孩子多多参加集体活动

锻炼社交能力，当数集体活动为最。在集体活动中，孩子和同龄的小伙伴一起玩耍，一起打闹，在这个过程中，他们可以相互教会对方如何生活，如何相处，如何玩耍。此外，对于孩子的小伙伴上门要玩，祖辈们还应该积极表示欢迎，同时要鼓励自己的孩子到其他小伙伴家里去玩。有一点祖辈们一定要记住，当孩子与别的小伙伴交往时，祖辈们务必要让自己的孩子严于律己，宽以待人，同时还要互相依赖，彼此尊重，这样才能让他认识更多的朋友。

充分尊重孩子的交友行为

不管孩子结交什么样的小朋友，祖辈们都要尊重孩子，千万不要在孩子面前说小朋友的坏话，因为孩子这时会站在朋友的角度，替小朋友辩护。祖辈们应该从孩子的角度看待他的朋友。倘若孩子经常带小朋友到家里玩，祖辈们有必要对他的朋友做出理智的评价，千万不要挑拨孩子与朋友之间的关系。

发生矛盾时持公正的立场

孩子们在一起玩耍时，难免会发生一些小的争执，甚至动手打架。对此，祖辈们千万不要大惊小怪，这时应该站在公正的角度看问题，千万不可以偏向一方，有时可以不去理会他们，让孩子自己讨论出一个结果。倘若祖辈们总是拉偏架，或是教训孩子的朋友，这样，孩子的朋友只会越来越少。

为孩子提供和创造结交朋友的机会

祖辈们应该多为孩子提供和创造结交朋友的机会。倘若孩子从小喜欢结交朋友，等长大之后也会是一个喜欢结交朋友的人。俗话说得好："在家靠父母，出门靠朋友。"由此可见朋友的重要性。一个喜欢交朋友，并且可以判断朋友好坏的孩子，他将来的前途会是一片光明。总之，鼓励孩子多交朋友，可以培养孩子与人交流的能力，让孩子的语言表达能力得到锻炼。

专家提示：

由于现代家庭中大多数都是独生子女，因此孩子交朋友的过程并不是很容易。在孩子交朋友的过程中，祖辈们所起的作用就是牵线搭桥，比如说多跟周围邻居进行交往，经常邀请其他孩子到自家来玩，经常带孩子到附近的公园去玩，多跟一些有同龄孩子的家庭交往等。

第十章

教育孩子，多与他们的父母沟通

教育孩子，创造和谐的家庭气氛至关重要，所以我们应该充分利用隔代抚养和亲子抚育的优势。两代人最好能经常在一起探讨培养孩子的方法，如果在教育孩子时两代人发出的声音不一样，你说这样做，我说那样做，到最后受苦和受害的仍是孩子。特别是祖辈，在教育孩子的过程中，一定要多与他们的父母沟通。

子女才是教育孩子的主角

现在的孩子很多都由祖辈们帮助抚养，可是在价值观念、生活方式、知识结构、教育方式等方面，祖辈们和现代社会或多或少都存在着一些差别。因此，在教育孩子的过程中，一般要让子女知道，他们才是主角。

辛辛苦苦为子女照顾孩子，这对于祖辈们来说，往往是心甘情愿的，然而同时还应记住：应该管的，一定要管好；并且要做好参谋，积极地出些主意，与子女一起将第三代教育好。在一些观念问题上，祖辈们一定要让子女清楚，并非什么事都由老人做主，他们才是教育孩子的主角。

小曲今年3岁了，原本是由图女士亲自带的。近一段时间，由于图女士需要加班，所以只能把婆婆接过来照看孩子。图女士心里想，孩子一旦有了奶奶照顾，自己也可以安安心心加班去了。

然而，意料之外的事出现了：中午吃饭的时候，图女士做了炸鸡腿，本来说好一人只吃一个，小曲也答应了，可是奶奶却说了一句“孩子应该多吃一个”，小曲于就接连吃了两个，一副毫不客气的架势，结果，对于其他的饭菜，小曲一点也不吃了。看到这个情景，图女士十分生气，快要发火的时候，被丈夫制止了。

此外，原本在图女士的教导下，小曲已经会简单照顾自己了，对于一些容易穿的鞋子和衣服，基本上都可以自己穿脱。然而，自从奶奶开始照看小曲以来，这些事情都由她包办代替了，小曲也高兴自己不用动手，越来越懒了。

这一系列的事情让图女士对自己的婆婆十分头疼，如此下去，小曲就被她宠坏了。

祖辈们对孙辈一般都怀着一颗浓浓的爱心，同时还有充足的时间与精力和孩子生活在一起，而且可以耐心地和孩子沟通。最关键的一点是，在抚养和教育孩子上面，祖辈们有着丰富的实践经验，在不同的年龄，孩子会出现什么问题，以及应该如何处理，和孩子的父母相比，知道得往往要多很多。这主要是因为，在长期的社会实践中，祖辈们积累了丰富的社会阅历和人生感悟，他们心里明白，孩子有必要生活在一个愉快、宽松的环境中，不要强求孩子必须这样或必须那样。很多事实亦证明，由祖辈们带大的孩子，其身体素质往往都比较好，在生活适应与安全保障方面，也要比其他孩子强一些。

【对祖辈们说的话】

在价值观念、生活方式、知识结构、教育方式等方面，祖辈们必然和现代社会存在着差别，并且在生理与心理上，祖辈们也必然带有老年人的特点。所以，隔代教育或多或少都会产生一些负面的影响，最重要的是如何取其长，避其短。

当好配角，做好参谋，不要唯我独尊

首先，祖辈们一定要明确自己的配角身份，尽可能地做好参谋，不要唯我独尊，包办代替，一定要让子女清楚，他们才是教育孩子的真正主角。

祖辈们在教育孙辈的时候，要尽力而为，然而又不可事无大小都“是我，是我，全是我”。最重要的是，通过适当的途径，将自己怎样带好孩子的经验教给自己的子女，并尽可能地帮助他们成为孩子的第一责任人，祖辈们可以一旁做参谋，多敲一敲边鼓。比如，经常对自己的子女说：“在公司的时候，你们要工作为第一要务，而在家里的时候，你们则应该以管好孩子为第一要务。”

之所以这样做，主要是因为有 4 点好处：在教育孩子的过程中，子女可以得到学习、锻炼和提高，从而真正尽到做父母的责任；可以将子女的诸多长处，如思想比较开放，敢想敢干，英语、电脑等现代知识也较多等充分发挥出来，对第三代的培养十分有利；可以减轻祖辈们的负担，防止积劳成疾，对健康产生影响；可以防止子女埋怨，一般来说，管得太多太细，不仅用力不讨好，甚至会引起子女的误解。

规劝年轻子女，学习育儿新经验

作为年轻子女的父母，祖辈们应该时常告诫他们，一定要在百忙之中抽出时间多和孩子进行交流，切不可将为人父母的职责放弃了。对于孩子的教育，只要肯重视，无论如何都是可以把时间挤出来的。比如说，每天都抽出一定的时间与孩子玩游戏，或者是在饭后给孩子讲一些小故事，尤其是在周末的时候，务必要带孩子外出活动。同时，祖辈们还应告诉子女，应该经常和自己沟通一下，多给自己讲授一些科学养育孩子的新经验新方法，或者是买一些科学育儿的读物。当然，对于祖辈们宠爱孩子的一些错误做法，年轻父母也一定要指出来，并把自己的态度充分表明出来，尽可能地减少正面冲突的发生。

积极解决矛盾纠纷，争取教育双赢

聪明的祖辈们一定要让年轻父母知道：他们才是教育孩子的主角，他们不可以为了省时省心，而一味地将孩子甩给祖辈；也不要担心祖辈们宠坏了孩子，而拒绝他们带孩子，这样只会硬生生地将祖孙之间的亲情割断。总而言之，一切都要以孩子的健康成长为出发点，将矛盾纠纷积极解决掉，争取让隔代教育取得双赢。

专家提示：

在现实生活中，隔代教育也并非一无是处，但是一定要注意扬长避短，这样才能取得最好的效果。事实上，在几千年的历程中，中华民族已经积累下了不少隔代教育的优良传统，这是一笔丰厚的教育宝藏。

做好联系子女和孙辈的纽带

祖辈们一定要多告诉年轻子女，应该多抽出一点时间陪一陪孩子，不要总是由于工作太繁忙了，不乐意与自己的孩子在一起。

祖辈们一定要清楚，相比亲子教育，隔代教育充其量只是前者的补充，绝对不能加以替代。自古以来，为人父母，都有抚养孩子的义务与责任，因此无论年轻子女的工作如何繁忙，都应该抽出一点时间与自己的孩子待在一起，千万不要推卸对孩子的教育和抚养责任。

有一天，军军感到浑身都不舒服，于是就跑到妈妈那里去。妈妈把军军的额头摸了摸，继而说道："只是有点烫，没什么大不了的。你应该做一个坚强的孩子，还是快点到学校上课去吧！我也要上班去了，等晚上有空，我带你去医院看病。"

军军只好背着书包到学校上课去了，然而打心眼里，他对妈妈生出了一股怨恨。下午放学后回到家里，不一会儿，妈妈也下班回家了，便准备带着军军去医院看病。然而没有想到的是，军军居然理都不理，“砰”的一声将门关上，把自己锁在了一间小屋子里，无论妈妈如何叫，军军也不肯开门。

就在这个时候，奶奶走了过来，她轻轻地敲了敲门，于是说道：“军军呵，奶奶非常清楚，你是一个很乖的孩子，还是把门打开吧！妈妈为了送你到医院看病，特意申请提前下班，她为你的好难道你不知道吗？”军军听了奶奶的话，终于把门打开了，接着就和妈妈一起到医院看病去了。

现在，祖辈们代替年轻父母照看孩子，这已经成了不争的客观事实。绝大多数的家长，平时的工作都比较繁忙，下班之后，往往精疲力竭。这个时候，绝大多数年轻父母都不愿和孩子待在一起，而某些祖辈则会走过来说：“我们走，不要影响爸爸妈妈休息。”事实上，这样做不是很妥当，身为父母，有必要承担起教育自己孩子的责任。在现实生活中，虽然这样做比较困难，但还是有必要坚持下去的。因此，年轻父母下班后，即便再累，也要抽出一定的时间和孩子待在一起。这个时候，祖辈们也应该监督自己的儿女：“虽然你们的工作很忙，但是回到家后，你们得与孩子多相处！”

【对祖辈们说的话】

不管怎样，父母的亲子教育都是无法被“隔代亲”取代的，如果将主次关系颠倒，那么就会变成为“先儿孙之忧而忧，后儿孙之乐而乐”，甚至形成“老少错位”，“祖父是佣人，父亲是主人，母亲是客人，孙儿孙女是先人”，这样一来，家庭教育就会出现严重的问题。因此，祖辈们一定要想开，务必要把自己的角色扮演好，尽可能地做到既不越位，也并非摆设，让自己变成亲子之爱的“润滑剂”，在孩子和他父母之间，发挥最好的纽带作用。

为孩子创造一个和谐开放的家庭环境

一旦孩子的父母对孩子进行教育，那么在这个时候，祖辈们一定不要出面加以干涉，而对于孩子父母的权威，则要努力加以维护。隔代教育和亲子教育各自的优势，一定要充分利用和发挥出来，让孩子更加健康地成长。

积极引导孩子认识周围的世界

如今，隔代教育已经成了一股潮流，在独生子女的时代，做家长的尤其是家长们的素质，相对于时代发展和孩子成长的要求，已经大大落伍了。努力提高教育的素质，这是补救这一弱点的唯一方法。所以，祖辈家长一定要热爱户外活动，可以时常带孩子到郊外玩耍，积极加以引导，帮助孩子认识周围的世界；对于孩子的心理变化和成长状况，能够进行细心的观察，并且及时和孩子的父母进行沟通与交流。

精力充沛，热爱学习，以身作则

祖辈们必须精力充沛，身体健康，乐意于照顾孙辈；祖辈们的性格要十分开朗，不存在固执偏执的倾向，同时对孩子也比较有耐心；祖辈们须有一定的文化基础，可以对孩子进行启蒙教育；擅长吸收新的知识和新的观念，知道科学的育儿方法；祖辈们须慈爱宽容，却不可纵容、溺爱孩子；对于孩子的饮食与生活护理，祖辈们也必须清楚；祖辈们要以身作则，在日常生活中，讲究文明礼貌，有良好的卫生习惯。

专家提示：

祖辈们一定要将儿童和其父母之间桥梁的角色扮演好，为了拉近子女和孙辈的关系，可以经常给孩子讲一些子女的故事，让孩子看子女的照片，或者是提醒子女多与孩子沟通。这样做，可以铺平孩子和其父母的沟通道路，将两代人之间的隔阂消除掉。

多和子女探讨培养孩子的方法

孩子不仅是家长的心肝宝贝和精神寄托，还是国家的未来、民族的希望，所以，把孩子抚养好，是一件至关重要的事情。因此，在孩子的教育问题上，祖辈们一定要多和年轻父母进行探讨，一切的目标都是为了把孩子教育成才。

在现实生活中，隔代教育已经变得相当普遍。祖辈们碰到教育上的难题，也会出现苦恼和不安，甚至比年轻父母还要厉害。很多时候，祖辈们引起了孙辈的不满、子女的不快，但他们并不清楚自己到底是在哪个地方做错了，他们会变得无所适从。

维维的爷爷奶奶都是老师，对维维的要求从来是比较严格的。每天都要求维维按时吃饭，此外还加一顿水果，零食不准吃，不仅如此，爷爷奶奶还要求维维每天擦桌子、扫地、洗小手绢等，这一点最让维维的妈妈看不过去。有一天，维维的妈妈终于忍不住，便生气地对维维的爷爷奶奶说："维维的年纪太小了！怎么可以让他做这么多事呢？你们是不是把他当成小奴隶了？"

听了维维妈妈的话，维维的爷爷深有感慨地说道："儿媳，你误会我们的用意了，我们怎么可能会把维维当小奴隶使唤呢？我们只是为培养维维从小热爱劳动的习惯，才这么做的。对于一些力所能及的工作，多让维维做一下，没有什么坏处，何况我们还在一边看着哩，如果不会，我们还会教他怎么做。只有从小让孩子参加劳动，热爱劳动，长大之后，孩子才能成为一个勤奋刻苦的人。孩子长大后能否自力更生，主要就在于小时候培不培养他热爱劳动的好习惯。"

维维的妈妈听了爷爷的一番话，转怒为喜。在此之前，只要维维张嘴，妈妈一般都会满足儿子的要求，她认为孩子的年龄还小，因此对于任何家务活都不让儿子沾手。对此，虽然维维的年纪还很小，但他已经学会了察言观色，在爷爷奶奶面前，他会变得很理智，很听话，很热爱劳动；而到妈妈身边，撒娇耍赖的行为则会全部暴露出来。

这一切都告诉我们一个客观的事实：如果两代家长在教育观念和思维方式上不同，那么必然会引起家庭中每个成员的注意。

【对祖辈们说的话】

因为家庭中每个成员都在教育孩子，为孩子奉献最大限度的爱，但是爱容易"犯罪"，爱容易产生负面情绪，对于这一点则往往被人忽视。因此，无论是隔代教育还是亲子教育，都必须遵循教育的原则，教育者的爱应不停地输送给稚嫩的孩子，帮助他们茁壮成长，这才是两代家长必须重视的关键问题。

营造和谐的家庭气氛

在教育孩子的过程中，至关重要的就是营造和谐的家庭气氛。因此，对于隔代抚养和亲子抚养的两种优势，我们都应该充分加以利用。两代家长应该经常在一起，在培养孩子的方法上多做一些探讨。

经常督促，保持恒定性

一般来说，在教育孩子的过程中，祖辈们定下的规则一般都不会立竿见影，最主要的还是家长要经常督促。比如说，像吃饭这样一件小事，如果孩子已经习惯了被人喂，忽然之间让他自己吃，孩子往往很难立刻做到，因此祖辈们不能一段时间给孩子喂饭吃，一段时间又认为太麻烦，让孩子自己吃，这样做绝对不会收到什么效果，祖辈们一定要保持恒定性。

不要干涉年轻父母的教育

年轻父母对孩子进行教育的时候，祖辈们最好不要出面干涉，并且对于年轻父母的权威，还要努力加以维护，这样做，孩子就不会变成一个唯我独尊的人，反之，孩子还会知道怎样尊重自己的父母，怎样尊敬自己的爷爷奶奶。

专家提示：

随着社会的飞速发展，知识的更新换代越来越快，某些经验之谈往往会过时，或是被证明是不正确的。在这个时候，祖辈们一定要学会兼容并蓄，勇于接受新的科学育儿知识，并经常与年轻父母进行沟通，一起探讨培养孩子的方法。只有让理论派与实践派共同合作，这样才能培育出健康、聪明、快乐的下一代。

和年轻父母在教育上达成共识

在管教孩子的方式上，两代家长之间确实存在着很大的不同。在这样的家庭环境中，孩子极容易养成诸多不良习惯，如任性、自私、霸道等。那么如何避免呢？祖辈们平时应该多与年轻父母商量，逐步达成共识。

几个大人一起养育一个孩子，这是孩子的一种幸福。然而，这种幸福必须依靠大人们精心营造，于细微处见精神，相互默契，配合密切，将最佳的聚合点寻找出来，这样才能事半功倍。

小华 4 岁了，作为家庭的核心，他的一举一动，无不牵引着两代人六位家长的心弦。由于在管教理念与策略上有所不同，“爸爸妈妈阵线”和“奶奶外婆阵线”开始交上了火。

饭还没有吃完，小华就离开了饭桌，拿起冲锋枪满屋子乱跑。妈妈看见后，生气地喊道：“小华，10 分钟之后就要撤饭桌了，快去洗手，把饭吃完，不然你会挨饿的……”话还没有讲完，只见奶奶已经把饭菜端来了，像和事佬一般对孙子说：“小宝贝乖，先吃一口饭，我们可以一边吃饭，一边去打坏蛋。”就这样，小华在前面跑，奶奶则紧随其后，小华半天才会吃一口饭。

小华喜欢帮助外婆做事。有一天，在帮外婆洗菜的时候，小华问起了 10 万个为什么：“长在茶叶树上的茶树菇是不是一种蘑菇？鹌鹑蛋的壳上布满了花纹，为什么鸽子蛋没有呢？”对于这种事情，妈妈已经多次把自己的不满表示了出来。有一次，她实在忍不住了，便对自己的母亲说：“小孩子做家务，完全就是在捣乱，你不应该鼓励他。把这个工夫用在弹琴上，那该多好！”外婆听后，很不赞成，继而说道：“如今很多孩子，四体不勤，五谷不分，这都是被惯坏的结果。依我看，让孩子热爱劳动，懂得礼貌，这才是正道。你们姐弟几个从小没有弹过琴，现在不是照样很有出息？”

在教育孩子的观念上，祖辈们一定要与年轻父母达成共识，认清当今社会对人才的需要，以及社会的发展方向，将正确的教育观和人才观树立起来，培养孩子的创新精神和创造力，重视他们的全面发展。只有这样，全家的力量才能形成合力。家长要做到爱严有度，一旦孩子犯了错误，在这个时候，大家一定要采取一致的态度，帮助孩子改正错误，让其取得进一步的发展。

【对祖辈们说的话】

在现实生活中，“隔代教育”的确存在着一些误区，主要是因为两代人的教育方法不一样，从而造成家庭矛盾不断上升。说句实在话，教育方法不相同，这也并非只是祖辈一方的错误。无论是祖辈还是年轻父母，都应该认真对待。

切勿当着孩子的面夸大分歧

祖辈们应和年轻父母达成这样的共识：一方在管教孩子的时候，另一方即便是有异议，也不可以在孩子的面前对对方加以贬斥和指责。如果孩子狡猾的话，往往会利用两代管教者之间的分歧，达到自己的目的。比如说，他知道在祖辈或父辈之间，哪一种要求更容易在哪一方通过；犯错误的时候，为了逃过惩罚，他知道可以把谁搬出来，作为“保护神”……这样做，只会让孩子学会投机取巧，他的坏习惯也更难扭转过来；如果小孩相对本分的话，则会陷入年轻父母与祖辈的争执中，不知所措。这种局面也是一样的糟糕，可以严重打击孩子自主性的形成。

即便两代人有分歧，也不要贬低对方的权威

当着孩子的面时，年轻的父母千万不要说：爷爷懂什么，他那一套带孩子的经验都是老古董了，早就已经过时了。祖辈们也不可这样说：你妈的话不要听，有奶奶在你身边！两代家长一定要知道，不管年轻父母消失权威，还是祖辈消失权威，这都是一件非常可怕的事情。如果一个家庭的家长失去了权威，那么孩子身上的顽劣天性就会变成一匹脱缰的野马，到那个时候，要想将孩子身上一个很小的坏习惯扭转过来，都会变得非常困难。

在劳动观念、礼貌、勤俭等方面，祖辈们一般都比较重视，而年轻父母则认为是“细枝末节”，往往不太注重。但是，当代独生子女最软肋的地方，也正在于此。现代社会最需要的品质，恰恰就是由此而引申出来的勤勉、团队精神、友善和诚信等。为此，年轻父母应该进行一下反思。

不应以溺爱的方式争取孩子的感情偏向

如果分歧暂时不能消除，无论是祖辈还是年轻父母，都不应该通过溺爱的方式把孩子的感情偏向争取过来，甚至怂恿孩子远离和怨恨对方。在这一点上，孩子的奶奶与妈妈特别要注意，在管教之余，千万不要这样启发孩子：“看一下，你妈妈对你多么狠心，小宝贝可不可以告诉我，到底是你妈对你好，还是奶奶对你好？”

真诚沟通，摆正心态，保持一致

真诚沟通，这是解决祖辈和年轻父母教育代沟的最好方法，两代家长一定要相互尊重，要把教育建立在一个共同的目标上，即一切都为了孩子的健康发展。祖辈们一定要把自己的心态摆正，教育孩子的主角只能是孩子的父母，自己则仅仅起辅助作用。此外，祖辈们还应注意，教育实质上是一门科学，千万不要固执己见，对于年轻一代的意见，一定要虚心听取，做到与时俱进，尽可能地和年轻父母的教育方式保持一致。

专家提示：

对于上一代，年轻父母应该采取谦虚讨教的态度，这样才可以让双方心平气和，从而消除两代之间的分歧。同时，在孩子身心发展的过程中，对于出现的一些新动向也要特别留心，并主动和祖辈进行沟通，说服他们学习新的资讯和观念，这样也可以有效消除两代之间的分歧。

孩子面前不和其父母起分歧

在隔代教育的问题上，祖辈们经常会与年轻父母发生冲突。祖辈们的观念一般都比较陈旧，而且过分自信于自己的实践经验，因此对于新事物、新的育儿理念，总是持怀疑态度，不肯接受。根据调查，如今的年轻父母对隔代教育的满意率很低。

事实上，年轻父母一味地埋怨和不满祖辈，这种做法也是错误的，如果能够对祖辈多一些包容与理解，那么隔代教育的优势就会体现得更加立体和饱满。

孟爷爷在退休之前是一位教师，从岗位上退下来之后，他把自己全部的精力都放在了照顾孙子西西上。

一个周末，孟爷爷的儿子跑回来气冲冲地对孟爷爷说道："爸，你是怎么管西西的，今天他又把东西忘在家里了。每天，你都应该看一下第二天的课程表，然后再提醒孩子上学应该带什么，昨天我没有主动提醒，我是故意这么做的，我想看一下西西是否记得上体育课要带沙包，果然不出我所料，西西最终没有带，然后老师给我打了电话，说我教子无方。"

面对儿子的质问，孟爷爷吓了一跳，反应过来之后，便对儿子喊道："西西只是一个6岁的小毛孩，忘记带东西是很正常的，你身为一个父亲，提醒一下孩子又怎么样，如果老师经常批评西西，同学们也会在旁边嘲笑，那么西西就会变得越来越自卑，这一点事情，你为什么就不明白呢？"

对于孟爷爷的说法，孟爸爸非常不服气，反驳道：“对于自己的事情，西西应该学会负责，我也不可能总跟着他吧？我让他自己的事情自己处理，这又有什么错呢？打骂训斥西西，这是为了让他长记性，有句老话不是叫作‘不挨骂长不大’吗？”

西西站在旁边，已经快要哭出来了。西西一会儿看看爸爸，一会儿又看看爷爷，两人的声调越高，小孩子就变得越紧张。

事实上，在教育孩子这个问题上，孟爷爷与孟爸爸不知争吵过多少次，并且每次都是无疾而终，父亲不服儿子，儿子也不服父亲。孟爸爸经常会骂西西是“笨蛋”、“什么都不记不住”，孟爷爷则看不惯，认为孩子本来就在学校受委屈了，回到家还要受到训斥，眼泪不停地流。几次三番，西西也不愿回自己家了，非要和爷爷住在一块。

对于孟爸爸的“新式”教育观念，孟爷爷一直吃不消。有一天，西西问孟爷爷什么叫精子，孟爷爷顿时无语了。西西之所以这么问，都是孟爸爸的那本《早期启蒙》里面有一篇“精子历险记”的故事。对于这些事情，孟爷爷认为应该到青春期以后才能让孩子了解，倘若过早地教育，不光很难接受，而且孩子也压根儿不懂呵！

现代社会，“隔代教育”已经成为一个敏感的话题，只要孩子有什么问题出现，就会从“隔代教育”下手，向“隔代教育”开刀。事实上，在隔代教育中，祖辈们是最不容易的，从升级为爷爷奶奶或外公外婆的那天起，就已经失去自由了，亲情这条无形的绳索，会将祖辈死死地“羁绊”住，孙辈的血浓于水的隔代情，则会将祖辈紧紧“套牢”，老人的个人空间，从此变成了共享之地。

在隔代教育的问题上，孟先生和其儿子早就已经存在矛盾了。作为年轻的子女，不可当着孩子的面指责祖辈的育儿之道，这样做，不仅会让祖辈失去精神支撑，而且还会使孩子产生不必要的恐慌。同样道理，在孩子的面前，祖辈也不要和其父母发生分歧，小孟训练西西的方法固然有些不近人情，但孟先生作为祖辈也有失职的地方，如一手包揽西西的全部事务就是不对的。

【对祖辈们说的话】

在教育孩子这一问题上，年轻子女的方法固然有些太先锋、太前卫，让人一时接受不了,但也不可全盘否定。祖辈一定要和年轻子女进行良好的沟通,这样可以避免制造问题,有效解决问题。然而,如果沟通得不是很好,不光无法解决问题,还会使祖辈和父母之间的矛盾变深,最后只会得不偿失。

祖辈不要直接驳斥年轻子女

生活上的全面照顾,精神上的无限愉悦,这都是孩子所需要的。祖辈直接驳斥年轻子女,只会让孩子恐惧和惊怕,最终得不偿失。孩子内心深处的呼唤,往往是这样的:“爸爸妈妈比爷爷奶奶有创意多了,总是可以激发我无限的想象,我希望爸爸妈妈指导我的学习。”“爷爷奶奶比爸爸妈妈更有耐心,也更知道我的需要,我希望爷爷奶奶照顾我的生活。”事实上,这些也就是孩子最需要的东西。

年轻父母包容和理解祖辈

作为祖辈,对待孩子一般都比较溺爱,但正因为是祖辈,才会对孙辈产生一种不可遏止的情感。年轻子女不应责备和怪罪,而应尽可能地包容和理解。在我国,有一项传统,即“几代同堂、其乐融融”,这是千百年来不变的家庭文化。年轻父母千万不要当着孩子的面斥责祖辈,祖辈对孩子的付出,更不要加以忽视。

配合父母指导和养育孩子

对待孩子,年轻子女可能不够耐心,然而他们毕竟是父母,这种成长阶段是必须要经历的。在三个家庭、两个大人、四位老人的共同关注下,第二代独生子女逐渐成长起来,他们长期过着众星捧月的日子,一旦长大,其“抗挫折能力”不会太强。因此,祖辈一定要学会配合,这是最关键的。在父母指导孩子和养育孩子等方面,都要极力配合,试着做一个旁观者,将自己的主导位置改变过来。

专家提示:

固然祖辈有祖辈的道理,然而年轻女子也有年轻子女的苦衷。倘若年轻子女的育儿方法实在无法接受,祖辈们也可讲事实、摆案例,为年轻子女提供一个有效的方法。祖辈们对于科学育儿的新观念,也应慢慢加以理解,将其理念融入生活里面，方为上策。

维护年轻父亲的权威地位

与母亲一样，父亲也是一个对孩子有着深远影响的人物，父亲就好比是一座雄伟挺拔的高山，隐喻着英雄的形象，但是相比于母爱，父爱却很难得到像前者一样普遍而直白的歌颂，在进行隔代教育的过程中，父亲的作用和存在往往会被我们忽略与忽视。

在进行隔代教育的过程中，父亲的权威地位是可以起到事半功倍的效果的。

霖霖6岁了，生于一个三代同堂的家庭。霖霖从生下来，就得到了众星捧月的照顾，最近一段时间，这种趋势变得越来越明显了。爷爷奶奶天天"心肝宝贝"、"心肝宝贝"地叫着霖霖，即便只是吃饭，也必须老两口一起出动，千哄万哄的，特别是爷爷，非常宠爱这个孙子，就是一句话："什么事都得听我孙子的，谁说也没用。"

一个周末，这个三代同堂的家庭又闹出矛盾来了。只听霖霖在客厅里面泪水涟涟地喊道："爷爷，快来救你的孙子，爸爸说痛打我一顿。他说我是一个坏孩子，爷爷，你一定要救我啊。"霖霖的这句救命宣言把家庭矛盾的"序幕"拉开了。

"小宝贝，不要害怕，等我把鞋穿上。究竟是怎么一回事？"爷爷立马来到了客厅，一边走一边还说："你把手给我停下来，你干什么？敢动我孙子，你动一下试试。"

小王回头对老爷子说道："爸，你不清楚，这孩子不打不行，求你不要再护着他了。"紧接着又去追霖霖了。

"霖霖，你停不停下来？你对你爷爷说，你究竟干了什么事情，爸爸打你到底是为什么。如果无缘无故的话，我又怎么可能打你呢？"霖霖终于停了下来，小王生气地看着他，又要准备打了。

"无论我孙子做出了什么事，你都不可以打他，你们不是主张科学教育法吗，不是主张不能打孩子吗？现在你的行为很不科学啊！天天在我的耳旁，说我这个教得不对，那个教得不好，你厉害的话，就把好的教出来啊。”王爷爷越说越气，最后终于喘起了粗气，呼哧呼哧的。

“爸，求你别管了，就让我教训一下儿子。霖霖居然敢把尿撒在放衣服的整理柜上面，并且还拉开了抽屉，里面放着已经洗干净的衣服，全都被弄脏了，爸，你说我不打他能行吗？这次不打，下次他就敢把尿撒在大衣柜上面了。”小王越说越气急败坏，怒眼瞪着霖霖，似乎想将孩子吃下去一样。

“孩子可能是急坏了，没有憋住，你小的时候还向水缸里面撒尿呢，难道你忘了。那个时候，我也没有打你呀，甚至没有动你一个手指头，还亲自把那缸水倒了，重新弄了一缸水。我孙子不小心把衣服尿湿了，你为什么要打他呢，难道只让你自个儿放火，不让霖霖点灯吗？”

“爷爷，我爸小的时候，居然干过这种事情呀。那他打我完全没有道理，我把衣服尿湿了，也只是脏了几件衣服罢了，他尿在水缸里，可是脏了一缸子水啊！爸爸比我做得过分，比我更坏，是不是？”霖霖把小脑袋晃了晃，冲着爸爸吐了吐舌头。

“非常正确，小宝贝，你是好人，你爸爸才是坏蛋。我的霖霖多好啊。至于你嘛，离孩子远一点，总是让人不消停，烦死人了！”

霖霖犯了错，非但没有得到应有的教训，相反，父亲小王在孩子面前的威信也所剩无几了。如此下去，霖霖的前程不免让人担心。

【对祖辈们说的话】

虽然祖辈们在时间上很充裕，并且有着丰富的育儿经验，然而在新的教育观念和方法上，往往比较缺乏，因此会产生很多问题，比如说，对于孩子，总是迁就与溺爱、接受新生事物的速度比较慢等。像上述案例中的霖霖，本来做了错事，王爷爷却抖落出了小王在小孩时的丑事，不光使小王在霖霖面前威严扫地，还让霖霖变得更加有恃无恐。

父母管教孩子时祖辈们应主动退出

祖辈们虽然能够为孩子提供一个比较好的生活环境，可是年轻父母的亲子教育，也是不可缺的一个环节。当年轻父母管教孩子乃至于打骂孩子的时候，祖辈们一定要学会主动退出。

不抖落年轻父母的糗事，维护其威严

最重要的一点是，当孩子犯错的时候，祖辈们千万不要抖落出年轻父母曾经犯过的错。为什么这么说呢？这主要是因为在孩子的心目中，爸爸妈妈是一种信仰，站立在神坛上，不可将偶像打倒。祖辈们一定要不断地学习，不断地让自己得到充实，配合年轻父母的工作，把教育孩子的重任担当起来。

改正祖辈偏于感性的育子倾向

未来的社会，需要的人才必定是全面型的。因此，祖辈们在教育孩子的过程中，不仅要重视知识方面的教育，更要重视劳动方面的教育。一般来说，在教授孩子知识、满足孩子要求的时候，年轻父母较易偏向于理性，对孩子的全面发展比较关注；而祖辈则比较偏向于感性，容易忽视孩子全面能力的培养。因此，祖辈们一定要改正这方面的偏执。

专家提示：

虽然老人是长辈，必须加以尊敬，但作为年轻父母，也不应该完全“愚孝”祖辈。得学会解决问题，这个规律对于任何人都是适用的。祖辈在很多时候都是为了表达一个态度，这个可以给他们，但是原则上的事情，绝对不能改变。在潜移默化的过程中，便会慢慢建立起年轻父母的权威地位。

不横加干涉年轻父母的教育方法

对于孩子来说，父母是第一任教育者，在家庭教育中举足轻重。在父母对孩子进行亲子教育的过程中，祖辈应该维护子女在家庭教育中的主角地位，如果有必要的话，还应该润滑亲子关系，切不可“拆台”。

很多年轻的父母表示，他们理解隔辈亲，也允许老人在一定程度上溺爱孩子，他们只是希望老人允许并支持自己的亲子教育，至少在自己教育孩子的时候，老人不要当面拆台就可以了。但是，对于很多溺爱孩子的隔代家长来说，他们总会有意无意地干涉父母教育孩子，并且大多数时候，他们自己都感觉不到。

姗姗今年5岁了，是个非常聪明乖巧的孩子。邻居都非常羡慕姗姗妈妈会教育女儿，向姗姗妈妈讨教经验，姗姗妈妈非常开心。

暑假的时候，姗姗的爷爷奶奶要来住一段时间，随着他们的到来，本来十分顺利的亲子教育受到隔代教育的空前挑战，妈妈在交锋中明显处于劣势。姗姗逐渐开始变得任性而霸道，之前的好习惯慢慢不见了。

姗姗看到爷爷床上有串漂亮的佛珠，兴奋地跑过去拿。因为姗姗的胳膊不够长，她就爬到床上去够，小鞋子把爷爷的床单蹬脏了。妈妈看到了，赶紧呵斥姗姗："姗姗，把鞋脱了再上爷爷的床，你看你把爷爷的新床单都踩脏了。"姗姗刚要脱鞋子，爷爷笑呵呵地走过来，说："没事，踩吧，踩脏了爷爷再洗。"

姗姗看看妈妈，又看看爷爷，然后拿着珠子下了床。

吃饭的时候，奶奶拿起勺子，开始喂姗姗吃饭。妈妈说："妈，您让她自己吃，姗姗早就会自己吃饭了。""我孙女，我喜欢喂她吃，呵呵。"看到奶奶如此疼爱姗姗，妈妈有点感动，但更多的是无奈。

又过了一会，妈妈说："姗姗，菜都掉在地上了，把菜叶捡起来，放进垃圾桶。"还没等姗姗动，奶奶就赶紧弯下腰捡起菜叶，丢进垃圾桶，然后坐回来继续喂孙女吃饭。姗姗的妈妈很是头疼，但又不知道怎么去说服老人。

过了一会儿，妈妈再次说："姗姗，你怎么只吃肉？菜和饭也要吃。""我来吃吧，我喜欢吃蔬菜，我咬不动肉。""妈，你不要惯她，不吃蔬菜会缺少维生素的。""可孩子不是不喜欢吃嘛，我下午给她买果汁好了。"后来，每次吃饭，姗姗都把剩饭和蔬菜推给奶奶，并对妈妈说："奶奶说她喜欢吃我的剩饭"。

由于爷爷奶奶的袒护，仅用了一周，姗姗就开始挑食和剩饭。两周后，姗姗悟出一个道理：现在的家里，可以不听爸爸妈妈的话，爷爷奶奶最大，只听他们的话就可以了。没过几天，姗姗就发现爷爷奶奶非常宠自己，她做错了事爷爷奶奶也不怪她。所以，现在姗姗想做什么就做什么，谁的话也不听了。如果爸爸妈妈不依她，姗姗就跑到爷爷奶奶屋子里，爷爷奶奶一般都会"教育"爸爸妈妈。如果爷爷奶奶也不依她，姗姗就不理他们，爷爷奶奶马上就顺着她的意思了。

祖辈的慈爱、宽容让孩子觉得他们更爱自己，孩子就更愿意和祖辈亲近。在孩子的观念中，还无法分清对和错的定义，他只知道谁对自己更宽容、更好一些。父母也爱孩子，但是看到孩子做得不对的时候，父母会指正错误，让孩子改正，在祖辈溺爱的对比下，孩子就认为爸爸妈妈没有爷爷奶奶爱自己。

【对祖辈们说的话】

年轻父母工作繁重，没有时间去管孩子，就把孩子的一切都交给了爷爷奶奶或姥姥姥爷，老人们赋闲在家有充裕的时间和精力，倘若老人能够帮忙带一下孩子，父母也可以安心工作。但是实际上，“隔代亲”很不利于孩子健康成长。父母是孩子的第一任教师，也是家庭教育中的主要实施者。在父母对孩子进行亲子教育时，祖辈要维护子女在家庭教育中的主角地位。

尊重和维护孩子父母的威严

祖辈们要知道，家庭教育的主要方式是亲子教育，隔代教育只是辅助，无法取代亲子教育，所以，当孩子的父母对其进行亲子教育时，祖辈应该尊重和维护孩子父母的威严，而不要因为子女对祖辈比较尊重，就喧宾夺主，和子女争夺教育权。如果子女的教育方式确实不对，也不要当着孩子的面干涉其父母，可以在私下里和子女沟通教育孩子的方式。

不要当面干涉年轻人的教育方法

倘若在教育孩子的观念上，两代家长各持己见，就会使孩子分不清正确与错误，最终对他美好品德的形成产生不利的影响。因此，对于自己的角色定位，祖辈一定要摆好，不要无原则的干涉年轻父母的教育方法，至少不可以当面干涉。倘若对于子女的教育方式，确实很不认同，可以私下与子女讨论。一定要牢记，切不可当面横加干涉父母教育孩子，这样只会使父母在孩子心中的形象受到严重的影响。

年轻父母如何应对老人的错误

尊重与孝敬老人是必需的，然而尊重并非就是盲从，特别是当祖辈们对子女正常的教育权横加干涉的时候，对于年轻父母来说，一定要将自己的观点勇敢地坚持下去，而不要顾虑到对方是老人，就对他们太过溺爱的家教方式不闻不问了。

绝大多数的隔代家长都容易溺爱孩子，这种现象他们自己往往意识不到。年轻父母应该通过恰当的方式，及时提醒老人，使他们明白自己的溺爱对正当的家庭教育产生了不好的影响。老人通常都会改正，并且与子女配合，一起更好地教育孩子。事实上，任何一个隔代家长，无不希望自己的孙辈能够变得更优秀。

专家提示：

祖辈与孩子父母之间一定要经常沟通，相互理解。对于长辈，年轻的父母有必要将现代育儿的观念与知识向其传达，而祖父母一方，也应该积极吸取新知识。只有双方在教育上达成一致，那么才可以为孩子的家庭教育打下坚实的基础，才会让孩子更加健康、快乐地成长。